THE教師力ハンドブックシリーズ

みんなで取り組む
『学び合い』入門

スムースな導入ステップ

jun nishikawa 西川　純 著

明治図書

まえがき

あなたの勤務校で『学び合い』の実践者は何人おられますか？おそらく，多くの方がご自身一人であるのではないでしょうか？そのため，気を遣うことも多いと思います。

しかし，それは『学び合い』だからではありません。

私が本を書き始めたとき，出版社から「採用5年以内の先生を想定して書いて下さい」，「この一冊で完結した本を書いて下さい」と言われました。何故でしょうか？

出版社の調査によれば，本を買って学ぶのは採用5年目以内の先生方が主なのです。採用直後の先生は授業自体を成り立たせるのに精一杯です。藁をもつかむ思いで本を買い，学びます。しかし採用5年もたてば，ことさら学ばなくても，教師用指導書を斜め読みすれば授業は出来るようになります。そうなると本を買って学びません。授業改善しません。残念ながら，それが現実です。本書を手に取っている方にお伺いします。周りを見回せば，それは事実ではないでしょうか？そして買って学ぶ人も，多様な本を買わなくなりました。だから，一冊で完結する本でなければならないのです(注)。

つまり，『学び合い』以外であっても，現状の再生産ではなく，新たなことに飛び込もうとするならば，少数派にならざるをえないのです。大変だと思います。でも，そのような人がいなければ日本の教育は緩慢に死ぬしかありません。子どもたちが生きる社会が今とは違うならば，教育も変化し続けなければなりません。

大変でしょうが、得るものも大きいです。

『学び合い』のような新たなものに取り組もうとされる方は、現状の閉塞感に不満をもっています。私はあなたにお約束します。他の誰よりも早く、その閉塞感を打ち破る経験が出来ます。このような経験を得られる人は、明治以降の近代学校教育制度が生まれてから現在までの星の数ほどの教師の中で、本当にわずかです。

なお、お願いがあります。対話形式であるため、基本的に設定は小学校で統一しております。中学校、高校に勤務される方はご自身の勤務校に置き換えて下さい。『学び合い』はもの凄くシンプルで汎用性が高いので、おそらくそれは容易いことだと思います。

(注) 幸い『学び合い』の裾野が広がりました。そのため身銭をきって本を買い、『学び合い』を学ぼうとする採用直後ではない先生方が増えたのです。そのため、本書のような本を出版できるようになりました。ありがとうございました。

西川　　純

目　次

まえがき —— 2

第1章　タイプ別に違いがある？
校長の協力を得るために —— 7

1. 校長は色々です —— 8
2. イノベーター・アーリーアダプターの校長 —— 14
3. アーリーマジョリティ・レイトマジョリティの校長 —— 16
4. ラガードの校長 —— 18
5. 校長の見分け方 —— 22
6. 『学び合い』的校長 —— 24

COLUMN　大人にすること —— 32

第2章　悩みも迷いも受けとめて！
子どもとの接し方 —— 33

1. 上手くいかなくなったら —— 34
2. 選択科目の場合 —— 38
3. 子どもが悩みを訴えたら —— 40
4. 子どもたちが暗くなるのは何故 —— 42

COLUMN　規格 —— 46

第3章　最初に説明しよう！
保護者との接し方 —— 47

1. 最初に保護者に説明しましょう —— 48
2. 学級通信 —— 50
3. 授業参観 —— 52
4. 授業公開の定常化 —— 56
5. 子どもに説明させる —— 58
6. 保護者別対策 —— 60

COLUMN　リンカーン —— 66

第4章　普通のことを徹底することから始めよう！
同僚との接し方 —— 67

1. 人に押しつける —— 68
2. 説明してしまう —— 70
3. 普通のことを徹底する —— 72
4. ネットは公 —— 74
5. あなたの他にあと2人 —— 78
6. 学校としての取り組み —— 84
7. 保健の先生・介助員 —— 88

COLUMN　仲間 —— 90

第5章　週イチから始めよう！
授業のファーストステップ —— 91

1. まずは週イチ —— 92
2. 安全運転で —— 94
3. 部分的な『学び合い』 —— 96
4. プリントを用意する —— 98
5. 自由にグループをつくる —— 102
6. 時間を守らせる —— 104
7. たして2でわる『学び合い』もどき —— 106

COLUMN　最後の一線 —— 108

第6章　仲間と広がりを生み出そう！自分の志を保つために ── 109

1. 会に参加しましょう ── 110
2. 参観しましょう・参観してもらいましょう ── 112
3. 情報発信をしましょう ── 114
4. 会を開きましょう ── 116
5. 戦い方 ── 130
6. 落ち込まないために ── 136

あとがき ── 140

―――― 登場人物 ――――

:西川先生　　:田中先生

第1章

タイプ別に違いがある？
校長の協力を得るために

　学校においては校長は絶対権力者です。校長から『学び合い』禁止を求められたら大変です。当然，校長にどのように説明するかはとても大事なポイントです。

　『学び合い』の授業の見た目は今までの授業とかなり異なっています。そのため，見たとたんに拒否する人もいます。ところが，逆に，見たとたんにその良さに気づく人もいます。同じ授業を見ているのに，なんでこんなに違うのでしょうか？仕方がありません。見ているものが違うのです。

　以下は「ルビンの壺」という有名な図です。この絵は壺とも見えますが，向かい合った人の顔とも見えます。どちらが偉い，どちらが劣っているというわけではなく，人のタイプなのです。

1 校長は色々です

田 中：校長先生が『学び合い』を理解してくれるかどうか不安で仕方がありません。私のような若手の教師は校長先生から「ダメ」と言われたらどうしようもなくなります。どうしたらいいのでしょうか？

西 川：そりゃそうだ。

　私のような年代になれば，かなり狸になれるけど真面目な田中さんはそうも出来ないよね。

田 中：そうなのです。どうしたらいいでしょうか？

西 川：うちの校長というだけのことではなく，一般的な話をしよう。田中さんもこれから色々な校長先生に仕えることになるからね。

　ちょっと難しい話をするね。

　新しい商品や考え方が広まる過程を扱った理論にロジャーズのイノベーター理論というものがあるんだ。

　例えば，今ではごく普通になった携帯電話も昔は殆どの人は持っていなかった。その携帯電話がどのように普及するかということを説明する理論なんだ。

田 中：へ〜。

西 川：イノベーター理論によれば，新しいものを採用する人は，採用する順番にイノベーター，アーリーアダプター，アーリーマジョリティ，レイトマジョリティ，ラ

ガードの5つのタイプに分かれる。

　イノベーターとは新しいもの好きな人だ。色々な本や雑誌を読んで、研修会に参加し、いち早く新しいものを勉強する人だよ。最近だったら、アクティブ・ラーニングやその指導法を最初に知っている人だ。ま、一部の雑誌やネットだけで紹介されるレベルの商品を買う人だと言えば分かるよね。職員室にもいるでしょ？

　その人は、新製品を買えば、すぐに周りに見せびらかすでしょ？

田中：あはははは。たしかに。木村先生なんか、そうですね。

西川：でも、しばらくすると木村先生はその話をしなくなる。でしょ？

田中：あはははは。たしかに。

西川：新製品の大部分は「凄く良い」というわけではない。だから、しばらくすると木村先生は飽きてしまうんだ。だから、周りの人は「あ、またね」と言って気にも留めない。

田中：それはキツいですね。

西川：でも、私や田中さんは違うよね。木村先生が新製品の説明をすると興味をもって聞く。でも、買わない。何故なら、本当に良い製品か判断出来ないから。でも、しばらくたっても木村先生がそれを使っているのを見ると、本当に良いものなんだと判断する。そして、買う。でしょ？

田　中：たしかに，そうです。
西　川：新しいものに最初に飛びつく木村先生みたいな人がイノベーターで全体の2.5％を占めているんだ。そして，イノベーターの様子を見てそれで判断する人がアーリーアダプターで全体の13.5％を占めている。この２つを併せた16％の人が，新しいものを比較的早く採用する。

田　中：なるほど〜。
西　川：次に採用するのがアーリーマジョリティとレイトマジョリティで併せて68％を占めている。つまり，過半数の人たち。この人たちは，周りに採用する人が多くなるに従って，自分も採用するようになる。
　　　しかし，ムーアという人によると，「イノベーター・アーリーアダプター」と「アーリーマジョリティ・レイトマジョリティ」には決定的な違いがあるんだよ。

田　中：どんな違いなんですか？
西　川：「イノベーター・アーリーアダプター」はそのものが生み出す効果の高さを重視する。そして，それを使いこなすには時間がかかると理解し，自分で学ぼうとする。ところが，「アーリーマジョリティ・レイトマジョリティ」はそのものの効果はそこそこで満足するけど，確実・安全に使えることを重視するんだよ。

田　中：ちょっと分かりづらいのですが。
西　川：例えば，ビデオデッキのマニュアルはかなり分厚い。

それを細かく設定すれば，コンピュータと連携した高度な機能をもたせることも出来る機種はある。世の中には，そのような拡張性を重視し，分厚いマニュアルを読みこなす人がいる。その人たちが「イノベーター・アーリーアダプター」だよ。

最近のビデオデッキの場合，「簡単設定」という項目があり，その数頁に書かれていることをやれば，多くの人が使う平均的なことは出来るようになっている。そして，多くの人は分厚いマニュアルのその部分だけを見て設定し，満足しているよ。その人たちが「アーリーマジョリティ・レイトマジョリティ」だよ。

田中：今度の説明はよく分かります。で，ラガードはどんな人なのですか？

西川：昔から採用されたものしか採用しない人。つまり，一世代，30年ぐらい採用され続けたものしか採用しない人。未だに携帯を持たない人はいるよね？そんな人だよ。

田中：なるほど〜。

西川：さて，色々なタイプの校長がいることを説明したけど。最初に理解してほしいのは，イノベーターが偉くて，ラガードがダメだというわけではないということだよ。

田中：そうなのですか？

西川：学校は他人の子どもを預かっているところだよ。当然，慎重にならなければならない。

田中：それは当然ですね。

西 川：同時に時代に合わせて変化もしなければならない。

田 中：それも当然ですね。

西 川：慎重でありつつ，変化もしなければならない。この2つのことを成り立たせるには，革新的である人と保守的である人が混在している状態が良いんだよ。

田 中：分かるようで，分かりません。

西 川：新たなことにイノベーターの人が取り組んで，実際にやってみて本物か偽物かをチェックする。その結果をアーリーアダプターの人が見ていて，本物だと判断したら，実際に取り組む。そして，より多くの人が本物か偽物かをチェックする。

　さっき話したように，このイノベーターやアーリーアダプターは使いこなすための苦労はいとわないし，リスクは当然だと考えるよ。

　もしメンバー全員がイノベーターやアーリーアダプターだったら，新しいものをチェックすることに集団全体のエネルギーが費やされてしまう。

　だから，アーリーマジョリティとレイトマジョリティの人がごく一部であることは理にかなっている。そのチェックの中で，イノベーターやアーリーアダプターの人が，より多くの人が使えるように変えていくんだ。そして，アーリーマジョリティとレイトマジョリティの人たちが大丈夫だと思ったものが広がっていく。

田 中：では，ラガードの人たちはどんな意味をもっているのですか？

西 川：社会の状況が急激に変わることもある。もし全ての人が同じになってしまえば、一気に潰れてしまう。採用しないという人が一定数いることは保険の意味がある。それにね、反対者がいることによって、絶えず多くの人は自分たちが普通だと思っていることを吟味することになる。

　私はね、反対者がいない状態は、とても不健全だと思うんだ。

　それと注意すべきなのは、強硬に反対する人はごく一部で大部分の人は結果さえよければ受け入れる人ということだよ。ところが自分と同じ早さで受け入れないからという理由で反対者だと思ってしまうことは慎まなければならない。そんなふうに思えば、本当に反対者になってしまうよ。

　『学び合い』に熱心な人の中には、それで失敗してしまう人は少なくない。注意しよう。

② イノベーター・アーリーアダプターの校長

 田 中：じゃあ，具体的にタイプ別の説明の仕方を教えて下さい。

西 川：それでは，まずはイノベーター・アーリーアダプターの校長への説明について話そう。

　このタイプの人の場合は理論で説明することが出来る。イノベーターの校長の場合は，理論だけで納得してくれる。少なくとも可能性は分かってくれる。アーリーアダプターの校長は理論の他に，実際に成功している事例があることを併せて説明すればいいんだよ。他県の『学び合い』実践者の授業を一緒に参観したり，『学び合い』の会を一緒に参観したりすれば，あなただけの実践でないことが分かってもらえるよ。そうなれば，『学び合い』によってどのような可能性が広がるかを語ればいい。おそらく，興味をもって，そして自分でも本を読むと思う。説得は比較的簡単だよ。

田 中：なるほど〜。

西 川：しかし，逆に言えば，それ以外の84％の校長には理論やデータを話しても納得することはない。

　今，『学び合い』に取り組んでいる人の多くはイノベーター・アーリーアダプターなので，理論やデータを説明すれば人は分かると思い込んでいる。このギャ

ップによって色々な軋轢が生じてしまう。

田中：つまり，圧倒的大多数の校長には理論の説明は無駄ということですね。

西川：無駄というより，危険ですらある。しつこくやれば感情的になってしまう。例えば，町を歩いていると宗教の勧誘の人に出会うことはあるよね。

田中：はい。

西川：声をかけられたらどうする？

田中：取り合わずに，歩き続けます。

西川：その人が田中さんを追いかけてきて，しつこく話しかけてきたら？

田中：そんなことはありません。

西川：そうだよね。でも，しつこく話しかけてきたらどうする？

田中：ん〜。おそらく怒ると思います。

西川：そうだよね。それが84％の校長に対しての注意点だよ。

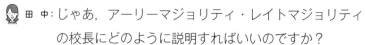

③ アーリーマジョリティ・レイトマジョリティの校長

田中：じゃあ、アーリーマジョリティ・レイトマジョリティの校長にどのように説明すればいいのですか？

西川：アーリーマジョリティ・レイトマジョリティはそれから生み出される効果の高さをそれほど重視はしない。だから、そこを強調しても意味がない。

田中：では、何を説明すればいいのですか？

西川：アーリーマジョリティ・レイトマジョリティの人が求めるのは、一定の成果を安全に確実に得られることだよ。

　　　だから、問題を起こさないことを説明すべきだね。

田中：具体的にはどういうことですか？

西川：例えば、保護者に対して説明を行っており、理解を得ていること。

　　　学校で横並びにしていること、県や市の教育委員会が求めていることに関しては矛盾しないことを説明すべきだね。

　　　例えば、その学校がある教科で少人数習熟度別の指定を受けているならば、その教科に関しては『学び合い』はせず、横並びにすることを説明すべきだね。

田中：少人数習熟度別をするのですか？

西川：宮仕えなんだから、折り合いは必要だよ。

それに,『学び合い』で求めている「一人も見捨てない」が県や市の教育委員会が求めていることに反することはありえないよ。県や市の公文書にある言葉を使って説明すればいいよ。

　例えばチームになった教師が『学び合い』を理解している人だったら,最初と最後は隣り合った部屋で課題を与える。その間の大部分の時間,子どもはどっちの教室で学んでもいいというふうにすれば学び合えるよ。

　さらに,合同『学び合い』と同様に,課題づくりと評価はそれぞれの教師がやればいい。そして同じ部屋で『学び合い』をするんだ。

田中：そんなことは可能なのですか？

西川：教育委員会が一番気にするのは少人数で確保した人員を他に転用することだから。さっき言った方法だったら,それはないからね。

田中：なるほど。他に必要なものは何ですか？

西川：周りの先生と問題を起こさず,保護者からのクレームも来ず,テストの点数などの分かりやすい成果を上げることだよ。

　アーリーマジョリティ・レイトマジョリティの校長は,結果さえそこそこ良ければ,先生方の自由に任せたいと思う人たちだから。

4 ラガードの校長

- 田 中：では，ラガードの校長だったらどうしたらいいのでしょうか？
- 西 川：ラガードは全体の16％を占める。多くはないが，6分の1だよ。出会う可能性はある。
- 田 中：その校長に出会ったとき，どうしたらいいのでしょうか？
- 西 川：どうしたらいいと思う？
- 田 中：その校長のいる間は『学び合い』を諦める。
- 西 川：それはあるかもしれないけど，下策だね。
- 田 中：何故ですか？
- 西 川：田中さんには今後の社会はどうなるかを説明し，『学び合い』によるアクティブ・ラーニングをしなければ子どもの人生はどうなるかを説明したよね（「アクティブ・ラーニング入門」,「サバイバル・アクティブ・ラーニング入門」（明治図書），「親なら知っておきたい学歴の経済学」（学陽書房）参照）。
- 田 中：はい。悲惨な人生になる可能性があることを理解しました。
- 西 川：だからだよ。やめてしまえば，目の前の子どものうちかなりの割合の子どもの人生を誤らせてしまう。やめてメリットがあるのは，楽になるあなたであって，子

どもではないよ。
田中：……分かりました。どうしたらいいのですか？
西川：説明しない。気づかせない。
田中：どういう意味ですか？
西川：あなたが『学び合い』をやっていることを気づかせないんだよ。
田中：？
西川：例えば、研究授業、指導主事訪問のときには『学び合い』を見せない。新任の先生だったら、新任指導教員の先生にも見せないほうがいいよね。
田中：しかし、やっていることは分かると思いますよ。
西川：以前の話だよ。
　　　学生時代から知っている人で私から『学び合い』のことを勉強した人が採用されたんだ。久しぶりに電話をかけて、「『学び合い』やっている？」と聞いたんだ。
田中：新任でやれるわけないですよね。
西川：私もそう思った。ところが、全教科、全ての時間で『学び合い』をやっていると応えたんだ。
田中：え～……。
西川：私も驚いて、「管理職は何も言わないの？」と聞いたら、「管理職は私が『学び合い』をやっていることを知らないと思います」と応えたんだ。
田中：それはありえないと思います。
西川：私もそう思った。そこでなんで気づかないかを聞いてみたんだよ。そうすると、その人は一斉指導で書くで

あろうことを板書するんだ。子どもたちが「先生，それ写すの？」と聞くと，「いや，先生が書きたいから書いている。だから写さなくていいよ」と言うんだって。

　もし，管理職が廊下を歩いて教室を見たら，黒板にはしっかりとした板書が書いてある。だから，一斉指導の中の話し合い活動だと思うよ。そして，聞かれたら「話し合い活動を大事にしています」と言うんだって。いまだったら「アクティブ・ラーニングに取り組み始めています」と言えばいいね。

田中：え〜……。私には出来ません。

西川：ま，そうだよね。ただ，それぐらいのことも出来るということだよ。

　安心して。『学び合い』に反対する人は見た目を判断しているのであって，『学び合い』の本体である「一人も見捨てない」との関係で授業を見ていない。だから，ちょこちょこっとした形を整えれば，一斉指導にしか見えない『学び合い』は出来るよ。

　その方法はおいおい説明するからね。

田中：はい。お願いします。

　しかし，もし見つかってしまって指導を受けたらどうしたらいいのでしょうか？

西川：従ったふりをすればいいんだよ。

　さっきも言ったとおり，『学び合い』に反対する人は見た目で判断している。だから，形を整えればいい

んだ。

そのとき，反論や説明をしてはいけない。

ある人から聞いたことだよ。出世する人の特徴は「人の話をじっくりと聞いて無視できる人」だそうだ。なるほどと思うよ。多くの人，その中には私も含まれるけど，自分の考えと反することを言われると論破したくなる。でもね，相手は校長だよ，論破できるわけない。

また，自分の考えが揺らいでいると，聞いているうちにもっと揺らいでしまう。だから，「人の話をじっくりと聞いて無視できる人」は凄い人だと思うよ。

田 中：私に出来るでしょうか？

西 川：あはははは。子どものために頑張ろう。

ただ注意してほしいのは，ラガードは16%で少ないことだよ。立て続けに2人の校長がラガードである可能性は25%にすぎない。ということは，もし立て続けに2人の校長がラガードであったら，おそらく2人ともラガードであると考えるよりも，「アーリーマジョリティ・レイトマジョリティ」の校長と正しく関係を結び損ねてしまい，ラガードのようになってしまったと考えるべきだよね。つまり，校長の問題ではなく，自分自身の問題だと反省すべきだと思うよ。ちなみに3代続けてラガードである可能性は0.4%にすぎないよ。

5 校長の見分け方

田 中：校長が「イノベーター・アーリーアダプター」か「アーリーマジョリティ・レイトマジョリティ」かラガードかを判別するにはどうしたらいいのでしょうか？

西 川：比較的簡単だよ。

「イノベーター・アーリーアダプター」は夢想家とも言える。だから，突拍子もない夢を語る人は「イノベーター・アーリーアダプター」である可能性があるね。

あと，研究授業の際に，子どもの動きをとらえてその授業の可能性，発展性に目がいく。そんなことを話す人は「イノベーター・アーリーアダプター」である可能性が高いね。

田 中：では，「アーリーマジョリティ・レイトマジョリティ」の校長はどうなのですか？

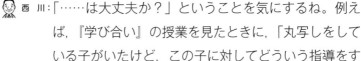西 川：「……は大丈夫か？」ということを気にするね。例えば，『学び合い』の授業を見たときに，「丸写しをしている子がいたけど，この子に対してどういう指導をするのか？」とか，「全員達成しなかったが，次の時間は補習をするのか？」と聞くのは「アーリーマジョリティ・レイトマジョリティ」の人だね。

さっき話したように，「アーリーマジョリティ・レ

イトマジョリティ」の人が求めるのは高い成果ではなく，安全で確実であることだから。

田中：ではラガードの校長はどうなのでしょうか？

西川：ラガードが優先するのは，今までと同じであることだよ。だから，授業の型に目がいく。例えば「導入の形式は……」，「まとめの型が……」と言うような人がそうだよ。

田中：なるほど～。

西川：こう分類すると，なんか分かるでしょ？　これって，校長だけではなく教諭の人も同じだよね。先生によって研究授業で語ることは一定しているよね。

田中：なるほど～。

西川：ま，ざっと説明したけど，私からのアドバイスは，知られないようにすることだと思うよ。

田中：しかし，分かってもらえる校長もいるのにですか？　その人にも秘密にするのですか？

西川：秘密にするというより，積極的に露わにしないということだよ。露わにしなくても分かる人には分かるよ。

田中：どういうことですか？

西川：『学び合い』を学んでいる校長だったら，どこがポイントかが分かる。子どもの動きを見れば分かるよ。そして，「田中さんのやっている授業って，二重括弧の？」と聞いてくるよ。

⑥『学び合い』的校長

- 西川：世の中には『学び合い』ともの凄く相性の良い校長もいるんだよ。その校長は『学び合い』で職員を動かしているんだ。
- 田中：どんな校長なのですか？
- 西川：それを理解するには、経営学のリッカートが参考になるよ。
- 田中：経営学ですか？なんか難しそうですね。
- 西川：そんなことないよ。少しつきあってね。

　リッカートは成果を上げた管理職と上げられなかった管理職の特徴をまとめたんだ。彼によれば、管理者は「独善的専制型」、「博愛的（温情的）専制型」、「相談型」、「集団参画型」に分かれる。そして、「集団参画型」の管理職が最も業績を上げており、以下、「相談型」、「博愛的専制型」が続く。そして、「独善的専制型」が最も業績の低い管理職だよ。

　その特徴を校長に置き換えて表にまとめるとこうなるんだ（筆者注：次の表は読み飛ばしても OK です）。

	独善的専制型	博愛的（温情的）専制型	相談型	集団参画型
校長が教諭に対してもつ信頼度	教諭を全く信頼していない	恩着せがましい信頼をもっている	信頼はあるが十分ではなく，意思決定の際には統制をもちたいと望む	あらゆることについて子どもを十分信頼している
仕事の仕方に関するアイディアのくみ上げ	教諭のアイディアを取り上げることはめったにない	時に教諭のアイディアを取り上げる	教諭のアイディアを取り上げることが多い	常に教諭のアイディアを取り上げる
動機付けの方法	懲罰，時に報酬	報酬，若干の懲罰およびその予告	報酬，時に懲罰，若干の関与	参加を通じてやる気を起こさせる。集団で目標を設定し，評価させることによってやる気を起こさせる
責任感	校長はもつが子どもはもたない	校長はもつが教諭は少ししかもたない	教諭たちは，目標に向かって行動する	校長も教諭も自分の役割に関して責任感をもつ
目標の設定の方法	校長が決める	校長が決めるが，教諭の意見を聞く場合もある	教諭と話し合った後で，校長が決める	緊急の場合を除いて，全体で話し合って決める

 田 中：たしかに，独善的専制型の校長の下では働く気が起こりませんね。

 西 川：そうだよね。会社だったらいるかもしれないけど学校の中で独善的専制型の校長がそれほどいるとは思えないよね？

　　　さて，以下のような校長がいたらどう思う？

『1．全体の作業の手続きを，単純な構成部分もしくは仕事に分解する。

2. それぞれの構成部分を実行するために最もよい方法を開発する。
3. このような一つ一つの仕事を遂行するための，適切な素質と技術をもっている人間を雇い入れる。
4. 定められた最上の方法で，これらの人々が各自の仕事が出来るように訓練する。
5. 仕事の時間分析等で決められた妥当な速度で，一定の手順に従って従業員たちが規定の仕事が遂行できるような管理方式を整える。』

田中：とても丁寧な校長だと思います。相談型か集団参画型の校長ですか？

西川：いや，これは「独善的専制型」の管理職の典型的な行動であり，業績の低い管理職の特徴なんだよ。
　　独善的専制型の管理職は，従業員が仕事の効率を上げられるように，あの手，この手を繰り出す。独善的というとキツい表現だけど，ま，心配性の校長ということだよ。

田中：へ〜。

西川：また，独善的専制型と集団参画型を比較すると，職場に顔に出す頻度が高いのはどちらだと思う？

田中：それは集団参画型だと思います。

西川：違うよ。集団参画型の場合は，最初に目標をちゃんと語った後は部下に任せるんだよ。たまに顔を出すときは，好奇心から純粋な質問をするんだ。

ところが独善的専制型の場合は，頻繁に部下の所に行って，細かい指示をする。だから，職場にいる時間が長いんだよ。ま，これも老婆心の表れとも言える。

田中：しかし，校長の丁寧な指導によって成果を上げている学校もありますよ。

西川：そのあたりもリッカートは分析しているんだ。

　　　彼の本の中にはこう書いてある。

　『生産，売り上げ，原価，純益などのような終末結果的な変数のみを細かに見まもるという現行の方法は，どのような管理方式やリーダーシップが最良の成果をもたらすかについて誤った結論に導きやすい。しばしばこのへんの事情を混乱させるのは，威圧的な監督方式が，とくにそれが高度の技術的能力を伴っている場合には，短期的には，めざましい成果をあげうる，ということである。作業様式が高度に機械化されかつ標準的な作業手順が確立しているところでは，生産性向上への直接的圧力を高めていくような監督方式によって，少なくとも1年間ぐらいは，生産増を維持できる，という明白な証拠が得られている。しかしながら，このような生産増は，組織面における実質的かつ重大な犠牲において得られているのである（生産増加をめざす直接的圧力は，あまり高度に機械化されたり標準化されていない仕事や本来できない仕事，たとえば研究のような仕事においては，短期的にさえ，良好な結果をもたらすとは思えない）』

つまり独善的専制型になれば，短期的には業績が上がる。しかし，内部矛盾を秘めた業績なんだ。それが表面化する頃には管理者が交代するので責任は問われない。それが独善的専制型がよい方法だと誤解される理由であるとリッカートは分析している。

　独善的専制型校長の学校に自分が勤めている状態を想像してね。息が詰まるような職場だと思う。もし，その校長が愚かで，校長の専制的な指示によってはっきりとした効果が見られなければ，早晩，職員から見放されるよ。そして，「やったふり」をするか，職員総反発（教室に置き換えれば学級崩壊）となる。

　ところが，その校長がある程度以上の能力があり，その指示通りのことをすれば目に見える効果があったとする。例えば，地域共通テストでその学校の成績がトップに躍り出たとする。そうすれば，おそらく職員は「さすが凄い校長だ」という評価が定まり，その校長から過酷な要求をいくらされても，従うようになる。さて，その結果，さらに成績が上がる。さらに，要求がなされる……。

　さて，この状態は，ある一定期間ならばハッピーエンドに見える。しかし，この状態が１年，２年続いた状態を想像してね。全ての職員はカリスマ校長の方を向いて仕事をして，職員同士は向き合っていない。結果として息が詰まる職場になる。職員は競うように夜遅くまで仕事をして，誰も帰らない。結果として，み

んな疲れてしまう。ひどい場合は，本当に病気になってしまう。さて，この状態がよい状態だと思う？ところが，この状態がさらに悪化する以前に校長は転任する。やがて職場は元の状態に戻る。そして，「前の校長は指導力があったよな〜」と懐かしむ声が残るかもしれない。これは，ある意味でハッピーエンドかもしれない。しかし，これが本当によい管理職と言えると思う？

　ちなみに「集団参画型」の管理職の職場においても，職員が夜遅くまで仕事をして，業績を上げることはある。しかし，中身が違うよ。職員同士が向き合って支え合っているので，気持ちの疲れ方が「独善的専制型」とは格段に違う。また，お互いの得意な分野を補い合っているので仕事の効率が格段に違う。互いに理解し合っているので，家庭にどんな事情があっても帰れないということもない。そして，アイディアの多様性，質の高さが圧倒的に違う。独善的専制型管理職の職場ではアイディアを出すのは管理職のみだから限界がある。ところが集団参画型の職場では職員全員が出す。リッカートが述べているように，決まりきった仕事の場合は「独善的専制型」管理職でも業績を上げることが出来るが，創造的な仕事では不可能だよ。

田　中：なるほど。
西　川：『学び合い』を始めた研究室は色々な研究をやっているけど。校長の研究もやっているんだよ。

田中：へ〜。どんな研究なんですか？

西川：学校に教材を納める業者がいるよね。うちの学校にも。

田中：はい。

西川：その業者はずっと同じだ。校長が代わっても，職員が異動しても，その学校に納め続けている。その業者に，校長が代わるとどんな変化があるかを聞いたんだ。

田中：面白そうですね。

西川：ある学校では，教材を納めると，その学校の先生が「ご苦労様」と言ってお茶を出してくれたんだって。ところが，校長が代わって少したって学校に行くと，「そこに置いていって」と同じ人が素っ気ない様子に変わるんだって。

田中：へ〜。でも，なんか分かるような気がします。さっき西川先生がおっしゃっていたように管理職が変わると，余裕がなくなる感じは分かります。

西川：また，別な研究もやっているんだよ。

田中：興味がわきます。

西川：上越教育大学には日本各地から中堅教師が大学院生として派遣されている。その人たちに，仕えやすかった校長と仕えにくかった校長の特徴をインタビューしたんだ。

田中：ほ〜。

西川：それによれば，仕えにくい校長の話をするときは「私に……した」という表現を使うんだよ。それに対して，仕えやすい校長の話をするときは「私たちに……し

た」という表現を使うんだ。つまり，個に対してアプローチしているのではなく，集団にアプローチしているんだよ。

その他にも色々な結果を出しているけど，結局，リッカートの言う集団参画型の校長のときに働きやすいんだ。そして，その校長のやっていることは，『学び合い』において教師が子どもにやっていることと完全に一致している。

田中：どんな校長が仕えやすいんですか？

西川：簡単に言えば，目標はハッキリと与える。与えた後は職員に任せる校長だよ。

それは，目標を与えた後は子どもたちに任せる『学び合い』に一致している。だから，職員を信じて任せてくれる校長は『学び合い』にフィットするんだよ。

大人にすること

 「アクティブ・ラーニング入門」(明治図書),「サバイバル・アクティブ・ラーニング入門」(明治図書),「親なら知っておきたい学歴の経済学」(学陽書房)を読んでいただけたならば,子どもたちがこれから一生涯を過ごす日本が,いかに過酷な社会であるかをご理解いただけたと思います。

 社会で生きられる大人にする仕事を,小中高大の全ての学校教育は企業に丸投げしていました。そして,自らは基礎的・基本的事項に専念していたのです。しかし,今後の社会において企業は大人にする教育を拒否し,それを学校教育に求めているのです。それは理不尽な要求ではなく,学校教育が本来果たすべき任務を求めているのです。

 思い出して下さい。我々教師も初任の1年目は学生気分が抜けきれていませんでした。それを社会人に成長させてくれたのは職場です。人を大人にするのは職場しかありません。であれば,学校教育が子どもを大人にするならば,学校が職場になるしかありません。教室における教師は,お父さん・お母さん・お姉さん・お兄さんではなく,上司にならねばならないのです。したがって,今後の教師がどのようになるべきかを知りたいならば,自分の上司である校長を見ればいいのです。自分にとって良い校長の姿は,あなたがあるべき姿なのです。

第2章

悩みも迷いも受けとめて！子どもとの接し方

　『学び合い』を始める人もそうですが，前任校で『学び合い』を実践し，新しい学校に異動した方に特に注意を喚起します。

　おそらく，校長や同僚に対して気を遣うと思います。ところが子どもに対して「子どもは同じ」と思っているのではないでしょうか？集団としての子どもの動きは非常に安定しており，『学び合い』はそれを熟知しています。しかし，新しい学校に異動し『学び合い』を実践して失敗する方もいます。何故でしょう？

　先に述べたように集団としての子どもは安定しています。しかし，それを教える「あなた」は集団ではなく個人です。だから，揺らぎが大きいのです。その最たるものは，「慣れ」です。前任校で『学び合い』を始めるときは，ドキドキしながら丁寧に対応していたと思います。しかし，前任校での経験から「大丈夫」と思って手を抜けば問題が起こります。新たな学校で『学び合い』を始めるときはもちろん，新たなクラスをもったときも心機一転しなければなりません。

1 上手くいかなくなったら

🧑 田 中：『学び合い』が上手くいかなくなったら西川先生だったらどうします？

👨 西 川：『学び合い』の基本的なテクニックは，田中さんは卒業しているからそこは飛ばすね。ただ一つ語るとしたら，昔読んだ『学び合い』の入門書を読み返すことを勧めるよ。

　『学び合い』はもの凄くシンプルな理論だよ。全ての学校段階，全ての教科の全ての単元に適用される理論。だから，その実践から生まれる問題はもの凄く限られている。既に数千人の人が20年間も実践しているのだから，起こるであろう問題は全て起こり尽くしていると思う。そして，様々な人が色々な方法で乗り越えて，その成功例，失敗例が実践者の中で共有され，整理されている。それが本になっている。

　だから，もう一度読み返すと，そこに自分の今の状態が書かれてあり，解決策も例示されている。

🧑 田 中：分かりました。

👨 西 川：ところがね，そのような本を読んでも書いてないような問題が起こる。ま，書いてあるのだけど，分かりたくないから読み取れない。そんなものがある。それを話すね。

田 中：はい。
西 川：偉そうに言っている私だって数年に一度はそうなる。

　本に書いているようなことは全てしているし、してはいけないことはしていない。でも、上手くいかない。そうなると焦ってしまう。

　頭の中で原因は何かを探しまくる。そして、思いつける対応策を探す。その対応策は、たいていは『学び合い』に出会う前に知った一斉指導のテクニックだよ。

　ところが、以前、それを試したときに大失敗したんだ。そのうち話すけど、たして２でわる『学び合い』もどきになってしまって、『学び合い』をやっているのか、一斉指導なのか自分でも訳が分からなくなってしまったんだ。

　あのときは大変だったよ。『学び合い』がダメと思ったときもある。

　しかし、冷静に考えたんだよ。

　『学び合い』が上手くいくか、いかないかを決めているのは、クラスの２割の子どもたちが一生懸命に他の子どもをリードしているか、いないかだ。

　改めてクラスの子どもを見直すと、その子たちが手を抜いている。何もしないわけではない。そこそこのことをやってそれで終わり。全員達成しても拍手が起こらない。子どもたちも、この状態が悪い状態であることを空気から感じている。だから、全員達成しても拍手が起こらないのだろう。

その2割の子どもは本当にいい子だよ。その子どもがなんで手抜きをしているのかを考えると、教師である自分が手を抜いているからだと分かる。

　信頼と放任は違うと本に書いてあった。「私は手を抜いているのではない、子どもを信頼しているんだ」と思っていた。でも、子どもは教師の心を写す鏡。放任していたんだね。思い起こせば、放任していた自分の行動が思い当たる。

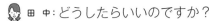田 中：どうしたらいいのですか？

西 川：謝ることだよ。長々した言い訳なしに謝ること。教師にとっては辛いけど、言い訳がましく言えば子どもは本当に反省していないことを見透かしてしまう。

　そして、現状を改善する必要性を語り、仕切り直すことを宣言する。ま、5〜10分程度だね。

田 中：それで問題は解決するのですか？

西 川：解決したよ。結局、子どもたちの問題は当人が解決しようと思わない限り解決しない。当人が解決しようとしたら、完全解決に至るかは分からないけどかなり改善することは確かだよ。

田 中：それはそうですね。

西 川：これは子どもに対する問題だけのことではないけど、問題が起こるとすぐに完全な解決を願うよ。でも、それを願うとたいていは後手後手になってしまう。

　問題解決には時間がかかる。そう腹をくくって、今よりも「まし」になることを願う。最悪、問題の先送

りでもいい。ただ、諦めずに改善をし続けることが大事だ。

田 中：信頼を放任に取り違える失敗をしない方法はありますか？

西 川：ないよ。人はそんなに立派なものではない。

田 中：じゃあ、どうしたらいいのですか？

西 川：信頼を放任に取り違える失敗は必ず繰り返す。しかし、繰り返せば、原因は自分であることに気づくまでの時間は短くなるね。

田 中：なるほど。

西 川：もう一ついい方法があるんだよ。

田 中：どんな方法ですか？

西 川：人に伝えることだよ。

田 中：え？

西 川：毎日の授業で忘れがちになってしまうけど、今、田中さんに私は伝えている。こう話しながら、「偉そうに言っている自分は信頼を放任に取り違えていないか？」と考えているんだよ。

　岡目八目。人のことはよく分かる。人から相談を受けて『学び合い』の理論通りのことを応えているとき、自分を思い起こしているんだよ。

　その意味で、田中さんに感謝だよ。最近、放任しているように思う。明日、子どもたちに謝ろうと思う。

2 選択科目の場合

西 川：小学校，中学校の『学び合い』ではあまりないことなんだけど，高校の選択科目で『学び合い』を実践する場合に注意することがある。そして，そのことは小学校，中学校の教師も知っていたほうがいいことだ。

田 中：何ですか？

西 川：田中さん。今まで実践したクラスを思い出して。最初の語りで『学び合い』の意味を語って，『学び合い』を始めたけど，クラスの全員がシラけてしまうことってあった？

田 中：全員がシラけてしまう？

西 川：そう，全員がシラけてしまう。つまり，一人で黙々と勉強しているか，数人で固まってそれが1時間中続く。『学び合い』の入門書に書いてある声がけをしても改善しない。

田 中：それはありません。

　はじめの1時間目であっても，子どもたちの多くは学び合います。まあ，孤立している子はいますが，それはおいおいなくなります。

西 川：そうだね。でも，高校の選択科目で『学び合い』を実践する場合に，それは起こるんだ。

田 中：何故ですか？

西川：「一人も見捨ててはダメだ」と言っても，腹の底からそう思う子は少ないよ。でも，建前でもそういう行動をする子はかなりいる。何故かと言えば，子どもにとって怖いのはクラスから浮くこと。

　　　ところが選択科目の場合は週数時間だけの集団だ。だから，「どう思われたっていい」という気持ちが生じる。

田中：なるほど。その場合はどうするのですか？

西川：『学び合い』的には邪道だけど，グループ編成を教師が決めるんだ。もしくは，アミダクジみたいなものでゲーム性を高めた方法でグループを編成する。

　　　グループを決めさえすれば，話し合いを始めるよ。そして，子どもにとって話し合いは楽しい。その中で，クラスや部活でのつながりのない人と知り合って関係を結び始める。

　　　そういうことを積み上げて，擬似的なクラス集団をつくり上げてから，徐々に普通の『学び合い』にシフトする必要があるね。

3 子どもが悩みを訴えたら

西川：ソーシャルスキルの低い子の中には、『学び合い』が嫌だからやめてほしいと訴える子はいる。最悪、不登校気味になることさえある。どうしたらいい？

田中：不登校は重大です。仕方ありません。やめるしかありません。

西川：『学び合い』が単なる授業方法だったらそうだよ。
　　　でもね、『学び合い』は子どもが一生涯幸せになるためのものだ。やめるわけにはいかない。

田中：じゃあ、その子は不登校になっても仕方がないのですか？

西川：『学び合い』は「一人も見捨てない」にこだわっている。『学び合い』をやめてほしいと訴える子も見捨てるわけにはいかない。
　　　考えて、そのような子が社会に出て生き残れると思う？

田中：思えません。

西川：だから、その子も含めて踏ん張らねばならない。

田中：どうするのですか？不登校になっては大変です。

西川：その子の話を聞いてあげることだよ。そして、出来ることは応えてあげよう。例えば、「誰と話していいか分からないから嫌だ」というのであれば、先に話した

ように，とりあえずグループをつくるという方法を採用すればいい。

「私のために何かをしてくれた」ということで信頼を得ることが出来るよ。

その上で，今後の社会で生き残るには何が必要なのかを説明し，いっしょになって頑張ろうと話し合おう。

田 中：分かりました。

西 川：問題を本当に解決するのは周りの子どもだよ。周りの子どもも，その子も含めてチームだという意識が生まれれば問題は解決する。しかし，そのためには関われる人のネットワークを広げていく必要がある。それまでの時間稼ぎだよ。

それにね。問題が重篤になる前に，早い段階で見つけ，話し合いを始めれば問題を最小限にすることが出来る。

田 中：どうすればいいのですか？

西 川：『学び合い』に対してのアンケートを定期的にやることだね。あと，そのうち話すけど，保健の先生と仲良くなることだよ。

4 子どもたちが暗くなるのは何故

田 中：最近，クラスが暗くなっているんです。

西 川：どういうこと？

田 中：学年が上がり，課題がどんどん難しくなってきています。そうなると全員達成が出来ないのです。

西 川：全員達成なんて，そんなに頻繁になくてもいいんだよ。

田 中：え？全員達成しなくてもいいのですか？

西 川：そりゃそうだ。オリンピックの優勝が凄いのは4年に一度だからだよ。毎月あったらありがたみが薄れてしまう。

田 中：でも，全ての子どもが分からなくていいのですか？

西 川：もちろん最低限のレベルは保証した上でだよ。全員達成が続いたら，もう一段階課題の難度を高めればいい。

田 中：なるほど。でも，私のクラスは違うのです。

西 川：どう違うの。

田 中：子どもたちの学力はどんどん上がってきているのですが，たった一人だけ課題が達成できないのです。知的な障害が疑われる子です。

　子どもたちはけなげに頑張っています。その子も一生懸命にやっています。でも，どうしても出来ないのです。そのため，「もうダメだよ〜。無理だ」という雰囲気がクラスに広がって暗くなっているのです。

西川：子どもは教師の心を写す鏡だよ。クラスの中で一番暗くなっているのは田中さん、あなただよ。

田中：え？……そうです。でも、どうしたらいいのですか？

西川：田中さんは、クラスのみんなの頑張りを見ている。それをほめよう。そして、全員達成よりも全員達成を諦めないことが大事だと語ろう。

　それでダメだったら、どうしたらいいかを子どもたちに聞いてみなよ。全員がいい学びをするにはどうしたらいいかを。

田中：子どもに聞くのですか？

西川：そうだよ。子どもの問題は子どもたちが解決しようと思わない限り解決しないからね。

田中：でも、どんなことを考えるのですか？

西川：それは分からない。でも、以前のクラスでは、子どもたちが課題を別にしてほしいと言ってきたんだ。私は「それは全員で決めて、全員で納得したのか？」と聞いたら、「その子に合った課題でなければ勉強にならない」と言ってきた。そこで、分かったと応えた。

田中：でも、別課題にすれば、その子は可哀想ではないですか？

西川：教師が「可哀想」と思えば、子どもたちもその子も可哀想と思うよ。でもね、『学び合い』では教科の価値は相対的なものだと思っている。一番大事なのは大人になって必要な能力で、教科はそれを獲得するためのツールだと思っている。だから、可哀想とは思わない。

田中さんはそう思わなければならないんだよ。

田中：分かりました。

ところで，西川先生の話にあったケースのその後はどうなったんですか？

西川：それが面白いんだよ。

子どもたちが順番に，その子用の課題を手作りでつくるようになったんだ。

昔の教科書を引っ張り出して，その子に解かせたんだ。そして，どこまで分かっているかを調べて，そこから問題を出すんだ。

田中：へ〜。

西川：徐々に前に進み，解ける学年レベルが上がってくる。

田中：で，最終的には追いついたんですか？

西川：そうなったらハッピーエンドだけど，そうはならなかった。ある一定以上になるとどうしても乗り越えられない。おそらく，その子の能力の限界だったのだろう。

田中：それでどうなったんですか？

西川：その子は絵を描くのが好きな子だったんだよ。そこで文章題を分かりやすくする絵を描くという課題みたいなものを子どもたちはつくっていった。

田中：で，成績はどうなのですか？

西川：テストはみんなと同じテストを解かせている。

当然，殆ど解けない。

態度に関しては大いに評価できるけど，結局，1か2しか出せない。

田 中：子どもたちもその子も頑張っているのに1か2なのですか？
西 川：仕方がない。テストの点数は全くとれないんだからね。
田 中：それでは可哀想ではないですか？
西 川：あはははは。また，可哀想だね。
田 中：あ……。
西 川：子どもたちは，何が大事かをよく分かっている。だから，その子も周りの子もサバサバしているよ。

　もちろん，保護者にはクラスでの様子を伝えているし，私の意図も伝えている。だから，理解してもらっているよ。

　保護者には喜んでもらったよ。だって，成績が1か2であることは前から同じだよ。しかし，自分の子どもがニコニコしながら学校のことを話しているのだから安心しているよ。それに少しずつだけど解ける問題が多くなっているしね。

規格

　『学び合い』の学校観は，学校とは「多様な人と折り合いをつけて自らの課題を解決する」ことを学び，仲間を得る場であることを述べています。短いですが重要な考えです。

　クラスには様々な子どもがいます。その中には教師の考える「規格」の外にいる子どもがいます。そもそも教師になった自分の過去を基準にしては，大部分の子どもを規格外に分類してしまいます。

　是非，学校観を見直して下さい。これが学校教育で学ぶことであると納得できたならば，圧倒的大多数の子どもは規格内に入ります。子どもたちは，人と関わることを喜ぶ能力をもっています。何故ならば，ホモ・サピエンスとはそのような生物で，我々のDNAの中に刻みつけられているからです。

　しかし，全員とは限りません。

　学校観の「学ぶ」の主語を一人一人の子どもではなく，集団と考えて下さい。最後までその能力を獲得出来ない子どもがいたとしても，その子どもを含めて仲間と思える集団は可能です。

　そうすれば全ての子どもは規格内に収まります。

第3章

最初に説明しよう！
保護者との接し方

　子どもは，時間がかかる子も希にいますが，最終的に『学び合い』のメリットを理解してくれます。何故なら，周りの子どもたちが共に説明してくれるからです。そして，子どもにとって周りの子どもとつながることは「快」だからです。

　ところが保護者は違います。一般的には「あなた」が一人で対応しなければなりません。そして，一度不信感をもたれたならば，あなたの話は聞いてもらえません。

　もし保護者からクレームがきたら，あなたの意を理解し盾となって守る校長もいます。しかし，残念ながら多くはありません。多くは「とにかく問題を起こさないで」ということを求めるでしょう。その校長にとって大事なのは，よりよい教育ではなく，波風立たない教育なのです（ただし，この種の校長は保護者から支持があれば，ほっておいてくれます）。

　だから，慎重に対応しましょう。

① 最初に保護者に説明しましょう

西川：田中さん。本格的に『学び合い』を始める前に保護者に説明した？

田中：いえ。半信半疑で始めて，徐々に本格的にやり始めました。保護者の方々にも，なんとなく理解してもらっています。

西川：半信半疑で始めているときは仕方がないけど，本格的に始める前には保護者に説明したほうが安全だよ。何も知らない保護者が，帰ってきた子どもから「先生は何も教えないんだ」，「授業中，立ち歩いているんだ」なんかを聞いたら不安になるのが当然だよ。そして，一度不信をもたれたらそれを解きほぐすのは大変だよ。

田中：どのように説明するのですか？

西川：タイミングがよければ保護者懇談会で説明すべきだね。それが出来ない場合は，文書で説明すべきだよ。長くなっても，しっかりと説明すべきだよ。

田中：しかし，書いても保護者は読まないと思います。

西川：そうだよ。多くの保護者は読まない。しかし，読む保護者もいる。その人たちはママ友ネットワークの中で広げてくれるよ。それにその他の保護者も，先生が子どものために決意をもって取り組もうとしていることは理解してくれるよ。

これは保護者懇談会で説明する場合も同じだよ。色々説明しても、それをちゃんと聞いて理解する保護者は多くはない。しかし、理解する保護者もいる。その人たちが広げてくれる。

田中：どんなことを話せばいいのでしょうか？

西川：『学び合い』に取り組む最初に子どもに話すことと同じだよ。ポイントは2つだ。

　　　第一は、中長期の話だよ。子どもたちが大人になったときの日本の状況、その中で子どもが幸せになるためには何が必要なのかを説明すべきだね。

　　　第二は、短期の話だよ。現状は全ての子どもにフィットする授業を出来ないことを話すべきだ。保護者に自分が子どもだったとき、分からない授業のときに何を思ったかを思い出してもらえばいい。

　　　それらを踏まえて、『学び合い』が短期と中長期の課題をバランスよく解決出来ることを話すべきだ。

　　　そして、とりあえずは週数回程度から始めると言えば安心するよ。それに『学び合い』の本を紹介すればいい。もちろん読む保護者はごくごく一部だよ。でも、その保護者が周りに説明してくれる。

　　　最後に、注意するけど、保護者は理屈では納得しない。要は、子どもがニコニコと通学し、家に持って帰るテストの点数が高ければ納得する。結果を出さねば。

② 学級通信

田 中：保護者に『学び合い』を理解してもらうにはどのようにしたらいいでしょうか？

西 川：学級通信を活用するといいよ。

田 中：どのように活用したらいいのですか？

西 川：『学び合い』ではじっくりと子どもの姿を観察できる。写真も記録出来る。それをドンドン紹介するんだよ。おそらく今までの授業をしている教師では考えられないほど、一人一人の姿を紹介出来るよ。

田 中：たしかにそうです。今までの授業では板書，発問に追われていました。それに子どもも黙って座ってノートを写すだけですから、取り立てて面白い姿はありません。

西 川：きっと「ここまで我が子を見てくれるんだ」と思ってもらえるよ。

　それに，成績やQUテストの結果などを紹介して，徐々に変化していることをアピールするんだよ。

田 中：なるほど。

西 川：保護者から疑問や不安が連絡帳に書かれていたら、それに応えたらいいよ。一人の保護者が書くことは、潜在的にはかなりの保護者が同じ思いだからね。

田 中：どうやって説明したらいいのですか？

西川：誠実に説明したらいいよ。でも、お勧めは子どもたちに説明させることだよ。「これこれのことを保護者に説明したいのだけどどうしたらいい？」と聞いて、子どもたちの書いた説明をそのままコピーして載せたらいいよ。

田中：学級通信で注意することはありますか？

西川：保護者は我が子「を」注目していることを忘れてはいけない。子どもを持てば分かるけど、お知らせの中に我が子の名前や写真があれば、それだけでうれしくなってしまう。逆に、他の子が頻繁に取り上げられているのに、我が子が取り上げられていないと嫌な気になってしまう。

田中：どうしたらいいのですか？

西川：名簿を使って、写真や記事で取り上げられた数を記録して、極端な差がないようにするんだよ。

田中：分かりました。他にありませんか？

西川：学年に複数のクラスがあり、同じ学年の先生が学級通信を定期的に出していない人だと、「あなたが出すと私も出さなければならないからやめて」と言われる可能性があるよ。そして、その人が田中さんより年長だと従わなければならない場合がある。

田中：どうしたらいいのですか？

西川：「学級通信」という名称は使わず、あまり目立たないように不定期に出せばいいよ。

③ 授業参観

田 中：保護者には生の『学び合い』の姿を見せなければなりません。今度授業参観があります。どうしたらいいでしょうか？

西 川：いくつかのポイントがあるよ。

　まず、課題のレベルに注意してね。最後までネームプレートが動かない子がいると、その保護者は心配してしまうよ。だから、当日の課題は比較的簡単な課題にしよう。しかし、深めれば際限なく深められる課題にする。例えば「……について説明する」という課題があるね。

田 中：課題を簡単にしてもなかなか解けない子はいます。

西 川：そうだね。当然、周りの子どもが集まってきて教える。保護者には「教える人＝偉い／教えられる人＝ダメな人」という枠組みが出来ている。だから、そのままだと『学び合い』は自分の子どもには合っていないという印象をもってしまうよ。

田 中：どうしたらいいのですか？

西 川：授業中に「社会に出たら教えることより、教えられることのほうが圧倒的に多い。上手く教えてもらうことは、とても大事なんだ」と連呼するんだ。これは子どもに聞かせているようで、実は保護者に聞かせている

の。また，終了後の保護者懇談会でもこのことを強調してね。

田中：分かりました。

西川：ポイントの2は，保護者参加型の授業参観にすること。『学び合い』では「……を3人の人に説明し，分かってもらったらサインをもらう」というような課題があるよね。その3人のうち2人を参観の保護者にする。ただし，自分の保護者以外という限定をかける。こうすれば子どもたちは保護者集団に一生懸命に説明する。そうすれば子どもたちが真面目に勉強していることが分かる。また，退屈はしない。

田中：たしかに，普通の授業参観は退屈ですよね。

西川：そして，「保護者の皆さん，子どもたちの話をよく聞いて，安易にサインをしないで下さい。そして，アドバイス，お願いします」と言うんだ。

田中：分かりました。

西川：ポイントの3。授業の最後に保護者から感想を述べてもらう。「最後に感想をお願いします」と事前にお願いする。満面の笑みで。さて，このときどのような保護者にお願いすべきだと思う？

田中：もちろん『学び合い』を理解してくれそうな保護者ですよね。

西川：違うよ。『学び合い』の授業に疑問をもっている保護者，またはもつであろう保護者だよ。え？と思ったでしょ。

第3章 最初に説明しよう！ 保護者との接し方

田中：でも、否定的な感想を言われたらシラけます。

西川：大丈夫だよ。それはありえない。

想像して。

授業の最後に一言話す保護者に対して、子どもたちのキラキラした目が注がれる。また、参加型授業参観に満足している他の保護者の目が注がれる。そんな状態で何を話す？十中八九、いや、十中十、子どもたちの素晴らしさを語るよ。

田中：なるほど。そうですね。でも、わざわざ『学び合い』に疑問をもつような保護者に語ってもらうのは何故ですか？

西川：フェスティンガーの認知的不協和理論によれば、人は他の人に語った言葉を信じようとするんだ。特に、そのことに関して疑問をもてばもつほど、強く思うようになる。だから、『学び合い』に疑問をもつ保護者が、他の人たちの前で「みんなが一生懸命に勉強している姿に感動しました」と喋れば、自分の語りに縛られていくんだよ。

田中：へ～、そんなことが起こるのですね。

西川：人は嘘を言うのは嫌だよ。もし、自分でも信じ切っていないことを他人、それも子どもに話せば、自分の話したことは正しいと信じたがる。そこで、正しいと思えるような情報を集める。幸い、その情報は子どもから得られるのだから最後は本当に信じるよ。

事実、以前の学校の話だけど、一番疑問をもってい

た保護者が，最後は一番の理解者になってくれた。

田 中：へ〜。

西 川：なお，保護者参加型の参観は最初の1回だけね。

田 中：何故ですか？

西 川：最初は物珍しくて喜ばれるけど，保護者も頭を使わなければならないから大変なんだ。だから敬遠される。だから2回目からは参加型にしない。『学び合い』では，子どもが動いているときは，自由に我が子を近くで見られるし，保護者同士でも話し合える。だから，ことさら工夫しなくても，黙って見ている参観よりははるかに楽しい。

　この学校の授業参観は全校同じ日にやるから分からないけど，私の授業参観のときに，前のクラスの保護者が参観に来るんだ。自分の子どもがいないのに。

田 中：え？

西 川：私が担任になるのが最初の保護者は『学び合い』を見てビックリしている。その保護者に，昨年度担任した子どもの保護者が近づいて，「いいわよね〜。うらやましいわ。今の先生の授業，つまらないの。子どももつまらなそう。こっちのほうが楽しいから来ちゃった。この授業のおかげで，うちの子，算数が好きになったのよ。先生が代わって，今はつまらないって言っているけど」と話し，色々と説明してくれる。この口コミ情報は強力だね。

④ 授業公開の定常化

西川：出来れば定常的な授業公開にシフトすることを勧めるよ。授業公開といってももの凄く簡単。『学び合い』を実践している曜日と時間を保護者に連絡する。事前申し込みなしでも気軽に来て下さいと連絡する。そして，祖父母も OK であることを伝える。

今までの授業では教師がどのように教えているかが中心になるので，教師にとってハードルが高くなる。しかし，『学び合い』では子どもの姿を見てもらうのだから，特段の準備は不要だよ。

田中：でも，そんなときに参観してくれる保護者がいますか？

西川：おそらく，そのように伝えても，来る保護者はごく少数だと思う。しかし，そのようなときに来る保護者は保護者集団のキーパーソンだよ。大事にしよう。

田中：そのときのポイントは何かありますか？

西川：参観に来ても，教室の端に邪魔にならないように立っていると思う。そこに近づいて「今日は本当にありがとうございます。保護者の方が来ていただけると子どもたちがやる気になります。本当だったら，毎日来ていただければいいのですが」とニコニコしながら語る。

そして，その保護者を「是非，○○さんの近くで見

て下さい」と言って子どもの近くに誘うの。そこでわざと子どもにも聞こえるような声で，最近のその子どもの様子を語りほめてあげる。きっとその子は頑張るよ。

田 中：目に浮かびますね。

西 川：でも，5分もたつと「気が散るからあっちに行って」と子どもは言うだろう。そうしたら，その保護者と立ち話をする。その中で『学び合い』の説明をじっくりとするんだ。授業の最後には，「より多くの保護者の方が参観していただければクラスがよくなります。是非，他の保護者の方にもお伝え下さい」とお願いするんだよ。

　学校から「来て下さい」と言うと「忙しい！」と言う保護者も，ママ友ネットワークで誘われると参観する保護者は増えるよ。

田 中：なるほど。

西 川：それにね。「君たちの頑張りを先生は保護者の皆さんに自慢したいな～」と言えば，子どものほうからも保護者に声がけすると思うよ。

　もし，授業公開を昼前に設定したらどうなると思う？おそらく，参観が終わった後，ランチをすると思うよ。考えて。我が子という最高のエンターテーメントを無料で楽しんで，その後，ママ友とランチ。リピーターが増えるのは確実だよね。

⑤ 子どもに説明させる

🧑 田 中：色々と教えていただき納得しました。

　　　しかし，やはり『学び合い』を最初に見て面食らう保護者はいると思います。

👨 西 川：そうだろうね。

🧑 田 中：どうしたらいいのでしょうか？

👨 西 川：子どもに説明させるんだよ。

🧑 田 中：どういうことですか？

👨 西 川：こんなふうに語るんだ。

　　　「今度，家の人たちに君たちの勉強の様子を見てもらうことになっている。しかし，今までやっていた授業とだいぶ違うのでビックリしてしまうことを先生は恐れているんだ。もしかしたら『こんな授業はしないで下さい』と言われるかもしれない。

　　　そこで，この授業のことを家の人に分かってもらうための説明書をつくってほしい」ともちかけるんだよ。

🧑 田 中：説明書で分かってもらえますか？

👨 西 川：いや，説明書自体に期待しているわけではないんだよ。

🧑 田 中：え？

👨 西 川：説明書のことを子どもたちが一生懸命に話し合えば，その子たちが家に帰ってから何をする？

🧑 田 中：分かりません。

西川：保護者に『学び合い』の説明をするよ。分かってもらいたいのだから。

田中：なるほど。

西川：それに「この説明書は誰が分かるための説明書？家の人だよね。そうだったら分かりやすい説明書をつくるためには，誰に相談したらいい？」と言えば，家で説明する子どもは増えるよね。

田中：なるほど〜。

西川：我が子が一生懸命に『学び合い』の良さを説明してくれれば保護者は納得するよ。

田中：あはははは。なるほど。

西川：それにね，一度説明書をつくらせれば，その後の授業でも活用できる。

田中：え？

西川：子どもたちの動きが悪かった場合に，「あれ〜？君たちがつくった説明書では『学び合い』のときはどんなことが大事だった？先生が見ていたら……ということを見かけた。これでいいかな？そして，どうしたらいいか？それは君たちは分かっていることだよね」と言って指導することが出来る。

　そして，次のクラスになったとき，「君らの先輩がつくった説明書だけど，これよりいい説明書をつくろう」と言って改良させることが出来る。

⑥ 保護者別対策

西川：注意すべき保護者をタイプ分けにして対応策を説明しよう。

田中：ありがとうございます。

西川：第一は、優しくて優秀な子どもの保護者。もし、田中さんが『学び合い』の基本を忘れ、その子に手のかかる子のお世話係を願ったら、その子だけに負担が集中する。そして、親に「先生は何にもせずに、私に大変なことを押しつけている」と涙ながらに訴える。おそらく、事実そうだろう。

だから、この場合は、全員が全員を支えるということを田中さんが忘れないことだよ。

最悪、そのようなことが起こったら、子ども「たち」と保護者に謝ることだ。下手な言い訳は効かない。

田中：肝に銘じます。

西川：第二は、ソーシャルスキルが低い子の保護者。特にアスペルガー傾向の子の保護者。

その子は今までは休み時間は孤独感を感じていた。ところが『学び合い』では授業中で「も」孤独感を感じることになる。最悪、「先生が授業で私を虐める」と保護者に訴える危険性がある。

まあ、アスペルガー傾向以外の子どもの場合、ちゃ

んと『学び合い』を実践すれば数週間で解決出来るけど、アスペルガー傾向の子どもは時間がかかる。まあ、最短で3か月、多くは1年の勝負だと思ったほうがいい。

田中：どうしたらいいのですか？

西川：保護者と事前に個別に話し合うんだ。保護者懇談会で話すようなこと、特に中長期のことを語るべきだよ。そして、時間はかかるけど、「お子さん」を幸せにしたいと語ることだね。そして、じっくりと会話をして信頼してもらう。

田中：なるほど。

西川：そして、その子が得意なジャンルを聞いて、課題の中にそれを意図的に組み込む。そして、そのような配慮をしていることを伝える。例えば、連絡帳に「○○さんの得意な○○を勉強しました。○○さんは大活躍です」というようにね。

田中：なるほど。自分の子どものことを「特に」配慮していることを分かってくれますね。

西川：第三は、「勉強とは静かに黒板に書いてあることをノートに写すこと」だと思っている保護者だよ。

　この保護者の場合は、勉強が分かるか否かは二の次で、背筋が伸びている、黙っている、手をまっすぐピンと上げているというような外面を重視する。

田中：そんな保護者がいるんですか？

西川：いるよ。

例えば，アメリカの大学では教授と学生がファーストネームで呼び合っているんだ。それをどう思う？
田中：なんか違うと思います。
西川：そうだよね。その教授と学生が優れた研究成果を上げていたとしても，田中さんはなんか違うと思うよ。
田中：はい。
西川：それと同じこと。
田中：そのような保護者の気持ちが分かる気がします。
西川：このタイプの保護者を説得する方法は，周りの保護者の意見を使うことだね。

　多くの保護者は，子どもがニコニコして通学し，持って帰ってくるテストの点数が高ければ，今までと違う授業であっても認めてくれる。中には先進的な試みと評価してくれる保護者はいる。

　保護者との立ち話や，連絡帳の書き込みにそのような意見があったら，その保護者の承諾を得て学級通信に載せるんだよ。前に言ったように学級通信を活用しよう。もちろん，成績の向上に関する客観的なデータもね。色々な保護者の肯定的な意見を載せれば，保護者集団の世論として『学び合い』を肯定しているという了解が成り立つよ。

　そして，ある程度理解されたと判断したら，アンケートをとる。そうすれば大多数の人は肯定的な解答をするだろう。その結果を載せつつ，少数意見も大事にして改善することを書くんだ。

そうなれば「勉強とは静かに黒板に書いてあることをノートに写すこと」だと思っている保護者も認めてくれる。どうしても認めなければ，「それでは，大事なことなので，クラスの保護者の皆さんで話し合いましょう」と言えば，世論がどうなっているのは分かっているから矛を収めるね。

　ただし，規格外の保護者の場合，校長をすっとばして教育委員会に訴えることはありえる。そのときに説明出来るデータは整理・用意すべきだね。そして，その用意があることを，全ての保護者に知らせれば，規格外の行動に至る可能性が下がる。しかし，中には超規格外の保護者がいる。その場合は，何をやっても規格外のことをするから，仕方がないよ。

　夫婦共に「勉強とは静かに黒板に書いてあることをノートに写すこと」だと思っているとは限らないし，母親は保護者集団から浮き上がるのを嫌う。

　他の保護者と話し合う中で徐々に理解してもらえるよ。

田中：保護者集団の『学び合い』ですね。

西川：そうだよ。さて，最後の第四のタイプ。これが大変なんだ。それは教師をしている保護者。

田中：え？教師だったら，同業者に対して遠慮があるのではないですか？

西川：それが真逆なんだよ。

田中：意味が分かりません。

西川：一般の保護者と違って、もし、『学び合い』が優れていると認めてしまえば、今までの自分の実践はダメであることを意味していると思ってしまう。そうなると感情的になってしまう。

　子どもが『学び合い』で喜んでいたとしても、「子どもは『学び合い』が大嫌いだと言っています」と言い出すんだ。

　ま、子どもの言葉の中から自分に都合の良い言葉をピックアップしてつなぎ合わせれば、どんなことでも言えるからね。

田中：なるほど。

　では、どうすればいいのですか？

西川：『学び合い』の実践と、その人の実践は二律背反ではないことを理解してもらうんだよ。

　アクティブ・ラーニングの定義を見れば、何でもありだよ。たいていの教師はアクティブ・ラーニングに定義があることを知らない。アクティブ・ラーニングとはアクティブなラーニングだという理解だよ。あはははは。

　だから、アクティブ・ラーニングの定義を学級通信に載せたら。田中さんはもう知っているけどこれだよね。

教員による一方向的な講義形式の教育とは異なり、学修者の能動的な学修への参加を取り入れた教授・学習法の総

称。学修者が能動的に学修することによって，認知的，倫理的，社会的能力，教養，知識，経験を含めた汎用的能力の育成を図る。発見学習，問題解決学習，体験学習，調査学習等が含まれるが，教室内でのグループ・ディスカッション，ディベート，グループ・ワーク等も有効なアクティブ・ラーニングの方法である。

西川：教師だったらアクティブ・ラーニングに取り組まなければならないことは理解している。ただし，どのようなアクティブ・ラーニングをどれだけやるべきかは人それぞれだ。

　これを載せて，アクティブ・ラーニングには様々あることを述べて，あくまでもその一つを試していることを説明するんだ。おそらく，教師以外の保護者にとってはどうでもいいことだろうと思うけど，教師の保護者がいる場合はその手の配慮をしたほうが安全だよ。

　とりあえず，自分が否定されているわけではないことを理解してもらえれば，じっくりと見守ってもらえる。そうすれば『学び合い』の実践者になってもらえる可能性があるし，そこまでいかなくても，「それもありね」というシンパになってもらえる可能性は高いよ。

リンカーン

　他の章も含めて，本書でのノウハウはマキャベリズム（権謀術数主義）がすぎてご不快になる方もおられるでしょう。すみません。しかし，本書に書いてあるのは，最初のとっかかりのノウハウにすぎないのです。

　私の好きな言葉にリンカーンの言葉があります。曰く「一部の人たちを常に，そしてすべての人たちを一時だますことはできるが，すべての人たちを常にだますことはできない」。

　私はこの言葉を信じています。

　本書で紹介しているノウハウは一時的には有効ですが，実体が伴わないならば，やがて馬脚を現します。しかし，実体が伴うならば，やがて分かってもらえます。

　そのためには，保護者同士で情報を共有し，話し合うきっかけを与えて下さい。教師のあなたも知らない子どもたちのエピソードによって，多くの保護者はあなたの『学び合い』実践の是非を判断します。あなたが「一人も見捨てない」ことを本気で願っているならば，分かっていただけます。

第4章

普通のことを徹底することから始めよう！同僚との接し方

　残念ながら『学び合い』を実践して同僚と軋轢を生じてしまう方がおられます。新しいことを始めれば，それに疑問をもつ方がおられるのは当然で，その中には強く反発される方もおられるでしょう。しかし，あなたの『学び合い』を多くの同僚が認めてくれないとしたら，それは『学び合い』の問題ではなく，あなたの問題なのです。認めるのは嫌でしょうが事実，そうです。

　考えて下さい。あなたは隣のクラスの先生，その隣のクラスの先生が，どんな授業をしていて，どんな本を読んでいるか知っていますか？知らないと思います。そうです。大多数の人はあなたがどんな授業をしようがしまいがどうでもいいのです。

　どんな集団にも『学び合い』に親和性のある人はいます。ところが職場にそのような人がいないとしたら，それは『学び合い』の問題ではなく，あなたの問題なのです。

　本章に書いてあることを読みながら，自己を振り返って下さい。そして，あなたが変われば『学び合い』は否定されないと思います。少なくとも否定する人はぐっと少なくなるはずです。

1 人に押しつける

- 田 中：次の学校に異動したとき,その学校の先生にどのように接すればいいのでしょうか？
- 西 川：私は塩ラーメンが好きだけど,田中さんは豚骨ラーメンが好きだよね。
- 田 中：はい,九州出身なので。
- 西 川：私がこの町の美味しい塩ラーメンを出してくれる店を紹介したらどう思う？
- 田 中：西川先生の説明を聞いているうちに美味しそうに思って,もしかしたら食べに行くかもしれません。
- 西 川：昼休みに,その店に行こうと言ったらどう思う？
- 田 中：まあ,つきあうと思います。しかし,都合もありますから。
- 西 川：でも,是非,いっしょに行こうと言われたら？
- 田 中：困ってしまいます。
- 西 川：私が豚骨ラーメンのスープの成分のことを説明し,塩ラーメンのほうが健康にいいと話したら？
- 田 中：そりゃ,私のソウルフードを否定されたら,私も反論します。
- 西 川：そりゃそうだよ。

　　　つまりね。私が『学び合い』がいいと思っているならば問題ない。しかし,私が『学び合い』を一緒にし

68

ようと求めたならば困ってしまう。強く求めたら嫌われる。そして,『学び合い』が優れている,つまり,あなたの実践には問題があると言えば,確実に嫌われるし,反発を受ける。

田中：では,『学び合い』を強要したり,他を否定したりしなければいいのですね。

西川：そうだよ。ただしね,そのように喋らなくても,心の中でそう思っていると,何気なくそれがにじみ出てしまう。

　だから,そのように思わないようにする。

田中：どうすればいいのですか？

西川：『学び合い』もあり,今までの実践もあり,どっちもありと思うことだよね。

田中：しかし,そう思えるか自信がありません。既にかなり学んで,『学び合い』の理論に合理性があること,実証的なデータの裏打ちがあることを知っています。なによりも私自身がその成果を実感しています。

西川：あはははは。私もそう。

　でも,今までの授業で頑張っている先生方への敬意はあるよね。その人たちのやっていることを否定したいとは思わないでしょ。

田中：はい。

西川：そのような人としての敬意をもつことを忘れずにいることが大事だよ。

② 説明してしまう

田 中：分かりました。しかし，心の中には『学び合い』のほうが絶対にいいのにと思う気持ちはあります。西川先生の話だと，それはばれてしまいますよね。どうしたらいいのですか？

西 川：知られないようにすることだよ。

田 中：え？

西 川：『学び合い』の「ま」の字も言わない。前にも注意したけど，研究授業が当たったら一斉指導をする。もちろん指導主事訪問も同じ。新採用教員だったら，新採用指導教員が来られる日は一斉指導をすればいいんだよ。

田 中：秘密にするのですか？

西 川：知られて聞かれたら，田中さんは真面目だから説明してしまうよ。そのとき，『学び合い』を押しつけたり，他を否定したりしないと断言できる？

田 中：それは……。

西 川：だから，いらざる軋轢を避けるために，積極的に知らせないようにすればいいんだよ。

田 中：もし，気づいた人がいて聞かれたらどうしたらいいのですか？

西 川：「アクティブ・ラーニングを少し試しているんです」

と説明していればいいよ。

田 中：誰にも知らせないのですか？

西 川：そんなこともないよ。

　『学び合い』に興味をもっている人，また，『学び合い』を実践している人がいたら，近づいてくるよ。そして，「先生のは二重括弧？」と聞いてくるよ。そうしたらカミングアウトしたら。

田 中：なんか弾圧下の隠れキリシタンみたいですね。

西 川：あははははは。隠れキリシタンみたいだね。

　でも，これは周りの人に押しつけたり，周りの人を否定したりしないための術だよ。悪いことではないと思うよ。

田 中：でも，いつかばれますよね。

西 川：いつかはね。でも，その前に実績を上げて，あなたの理解者を増やせばいい。それにね，『学び合い』の本体は「一人も見捨てない」なんだけど，多くの人はそこではなく見た目で判断する。だから，ちょっと見た目を変えれば，『学び合い』に見えづらくなるよ。

田 中：へ～。どうやるのですか？

西 川：それは長くなりそうだから，今度ね。

田 中：分かりました。興味津々です。

③ 普通のことを徹底する

田中：理解者を増やすにはどうしたらいいのですか？

西川：同僚があなたを判断するとき，あなたがどんな授業をするかで判断しないでしょ？

田中：そうなんですか？

西川：そうだよ。例えば，昨年に学年を組んだ木村先生がどんな授業をしているかで，木村先生を判断した？

田中：あはははは。そうですね。

西川：同僚はあなたをどんな授業をしているかで判断しているのではなく，あなたがその人に接するとき，どんな行動をしているかで判断しているよ。

田中：どんな行動が大事なのですか？

西川：まずは挨拶だね。「おはようございます」，「ありがとうございます」，「すみませんでした」，「お先に失礼します」の挨拶をちゃんとする。みんなにね。そして，大変そうな人がいたら「何か出来ませんか？」と声をかけ，出来ることを手伝うことだよ。

田中：馬鹿馬鹿しいほど簡単ですね。

西川：そう，簡単だよ。でもね，全ての人に常にやることは意思の力が必要だよ。例えば，『学び合い』を否定しそうだなと思っている人には警戒したくなる。そうなると，さっきの当たり前のことが出来なくなる。

むしろ，そのような人にこそ挨拶は大事だよ。『学び合い』は嫌いだけど，あなたは好き，と思われるようにならなければね。

田中：もし，そのような人から，「変な授業をしないで，基礎・基本を押さえた授業をしたらいいよ」とアドバイスを受けたらどうしたらいいのですか？

西川：そうならないように，知られないようにするんだよ。でも，仮にそのようなアドバイスを受けたら，ちゃんと聞くべきだよ。あなたのことを心配してアドバイスしてくれているのだから。感謝の気持ちは忘れずにね。もし，疑問が生じても反論しない。どうしても疑問に思ったら，「これこれの場合はどうなんですか？」と聞く程度にとどめる。論破するようなことはしてはダメだよ。

田中：でも，そのアドバイスに従わないのですよね。

西川：おそらく，そうなるだろう。

田中：関係は悪くなるのではないですか？

西川：だから，普段接するときの挨拶が大事だよ。

人は誰でも分かり合えないところはある。それは『学び合い』以外でもね。しかし，その分かり合えないところはなるべく話題にせず，分かり合えるところで関係を積み上げる。それは全ての人間関係づくりに通じると思うよ。特に，新たなことをしようとしている人は，まず，人として認められなければならない。それも高く評価されなければね。

4 ネットは公

西川：大事なアドバイスだよ。

「人は常に分かり合えるわけではない」ということをよく分かっていても，怒りが爆発することはある。

「そんなこと言うか！」と怒鳴りたい気持ちになるかもしれない。誰かに愚痴りたいと思うだろう。心を許せる人に愚痴ってしまうことは悪いことではないよ。ただし，フェイスブック，ブログ，ツイッターなどのネットでそれを書くことはアウトだ。

そもそも，その当人にそれを言えたならば，当人と徹底的に議論すればいいことだ。ところが，それが出来ないから溜まってしまい，ネットに書きたくなるはずだよ。

注意すべきだよ。ネットは公。例えば，校長批判をネットで書いたとする。その記事を校長が知ったらどんなことが起こる。校長じゃなくても同僚だって同じだよ。かなり危うい。そして，その表現が感情的になりすぎた場合，無関係な同僚も「そんなことネットで書くことではないよな～」という目であなたを見ることになる。

田中：たしかにフェイスブックは実名ですから，それは注意すべきですね。でも，公開範囲を友人に限定していれ

ば問題ないですよね。

西川：友人に限定しても，その友人が他の人に伝える場合がある。そして，その人が別の人に伝え……その繰り返しの中で批判している当人につながる可能性がある。

田中：そんなことがあるのですか？

西川：それで実際に校長と気まずくなった人を私は知っているよ。その人は「そんなことする人とは思わなかった，裏切られた」と言っているけど，後の祭りだね。

　それにね，匿名のブログやツイッターであってもダメだよ。

田中：匿名でもですか？

西川：一連の情報をつなぎ合わせれば個人特定することは難しくないよ。

　例えば，「昨日は県指定の研究会があり……」，「地元の○○祭りで子どもたちが盛り上がり」，「昨日は遠足がありました」等々の情報が積み上がれば，どの学校の何年何組の担任である誰が書いていることは分かってしまう。

　遠方の関係ない人には分からなくても，地元の人だったらピンときてしまう。

田中：たしかにそうですね。気をつけます。

西川：田中さんが怒り狂うとは思えないけど，次の職場がどんな環境かも分からないからね。それに，年をとれば許されることも多くなる，そして，わがままになる。そのわがままが，越えてはいけない一線を越えさせる

かもしれないからね。

田 中：どうしたらいいのですか？

西 川：フェイスブックは全公開にする。ブログやツイッターも実名にする。

田 中：それでは何も書けないと思います。

西 川：それぐらいの危機感をもって，書けることをアップすればいい。要は，子どもが個人特定されない配慮をする。そして，肯定的なことだけを書く。この２つを注意すればいいよ。

　もしかしたら，「分かったっていい。どうにでもなれ！」という気持ちになって書きたくなるかもしれない。でもね，我々は玉砕してはいけないんだよ。玉砕したら一時的には気が晴れるかもしれない。しかし，子どもたちを守れなくなる。それは無責任だ。

　驕らず，腐らず，したたかにあらねばならない。

田 中：分かりました。

　追伸：どうしても頭にきて仕方がないときのために一つの笑い話を教えましょう。

　若い頃私の勤務する大学で，周りの同僚がバカに思え，いらついたことがありました。それを尊敬する先輩の大学教師に愚痴りました。その会話は以下の通りです。

　　先 輩：だったら，周りのみんなが有能になってほしいんだな？

私：もちろんです。話が分からなすぎます。

先輩：じゃあ，周りのみんなが西川君より学術研究の業績があり，大学の置かれている状況を正しく理解し，講義演習が上手く，学生に人気があることを望むのか？

　　　結果として，研究者，教育者として肩身が狭く，君の研究室に所属希望の学生がいなくなる。

　　　それを望むのか？

私：いえ，それは嫌です。

先輩：周りが愚かだから西川君が光っていられる。そう考えて，上手くつきあったほうがいいんじゃない。君のために無能であることに甘んじてくれる愛すべき同僚なのだから。

ちなみに，この先輩は人付き合いが上手く，政治が上手でした。

5 あなたの他にあと2人

田 中：色々と注意しなければならないことは分かりました。しかし，いつまでも隠れキリシタンでは嫌です。

西 川：それはそうだよ。

　もし，田中さんが「人」として受け入れられたならば徐々に実践を出してもいいと思うよ。ここまでに話した注意は忘れずにね。

田 中：私だけでなく，学校に広げるにはどうしたらいいのでしょうか？

西 川：田中さんが「人」として受け入れられる頃だったら，おそらく『学び合い』に興味がある人は必ずいると思うよ。その人はきっとあなたに近づいてくる。田中さんが私に近づいてきたようにね。

田 中：なるほど。

西 川：近づいてきた人に『学び合い』を伝えたらいいんだよ。

田 中：どう伝えたらいいのですか？

西 川：昔から「人を見て法を説け」と言うよね。相手によって様々だよ。でも，私が田中さんにやったようにまずは実際の授業を見てもらって，その人の疑問に応えたらいいと思うよ。そして，「週イチから初めてみたら」と誘ってみたら。

　しかし，「自分で出来るだろうか」と心配するだろ

う。その場合は合同『学び合い』であなたが課題づくりから一切合切をやってみればいいんだよ。

そして、何度かやってみてある程度分かってきたら、最初の語りと最後の語りをその人にやってもらうんだよ。何度か見ていれば何を話せばいいかは分かるだろうし、あなたがそこにいれば成功するに決まっている。

そんな過程だね。

田中：あはははははは。私のときと全く同じですね。私は西川先生の術中に陥ってしまったのですね。

西川：まあね。『学び合い』で不安になることはたいてい同じだから。そして、定常的に合同で授業が出来るというのは、おそらく『学び合い』の専売特許だから、それを活用しないのはもったいないよ。

そうしているうちに、子どもたちの変化を感じれば本格的に分かりたいと思うだろう。そうしたら本を紹介してあげればいいよ。ありとあらゆる側面の解説書は用意されているしね。

田中：充実度は凄いですよね。

西川：そして、『学び合い』の会に誘ってみるんだよ。そうすれば勤務校では『学び合い』実践者は少数だけど、多数で多様な人が実践していることが分かる。それによって安心すると思うよ。

田中：私もそうでした。

西川：さて、次に近づいてきた人がいたらどうする？

田中：同じことを繰り返せばいいのではないのですか？

西川：大部分はね。でも、ちょっと変えるんだよ。

田中：どこを変えるのですか？

西川：私のクラスで実際にあったことを話すね。

　　　勉強の得意なAさんのところにBさんが「教えてほしい」と来たんだ。AさんはBさんに教えた。Bさんが大体分かった頃にCさんが「教えてほしい」と言ってきたんだよ。さて、Aさんはどうしたか？

田中：分かりません。

西川：AさんはBさんにCさんを教えるよう促したんだよ。
　　　そして、Cさんに教えているBさんの教え方をじっと見ていた。

田中：へ～。なるほど、BさんはCさんに教えることによって理解は深まるし、どこまで出来ているかをAさんは評価できる。つまりBさんの評価と、Cさんが分かることとを両立させたんですね。

西川：そう。じゃあ、さっきの話に戻そう。
　　　田中さんのところに次に近づく人がいたらどうしたらいい？

田中：なるほど。私が最初に伝えた人に説明させればいいのですね。

西川：そうだよ。それ以降は、基本的にその繰り返しでいいんだよ。ま、人数が多くなれば、みんなでゴチャゴチャやればいいけどね。
　　　それに、先生方に伝える前に子どもたちに『学び合い』を伝えればいいんだ。

田 中：意味が分かりません。

西 川：誰かが急な休みや，出張するとするよね。そのクラスが自習になったら，そのクラスと合同『学び合い』をやるんだよ。自習課題を利用してね。

田 中：たしかに，自習課題を「全員が達成する」と求めたとたんに『学び合い』の課題になりますね。

　　　でも，そんな急にぽんといっしょにやって上手く出来ますか？

西 川：それが出来るのが『学び合い』。

　　　最初に『学び合い』をする場合は，教師一人が子どもたちを動かそうとする。でも，動くのはクラスをリードする一部の子だよ。それでも，そこそこ上手くいくでしょ？

田 中：はい。黙ってノートを写す授業よりは子どもたちは喜んで勉強しますから。

西 川：だよね。さて，合同『学び合い』のときはあなただけではなく，あなたのクラスの子どもたち数十人がいっしょにやってくれるんだよ。飛び込みだって上手くいくに決まっていない？

田 中：は〜。たしかに。子どもたちが頑張る姿が目に浮かびます。

西 川：そんなことで『学び合い』を子どもたちに理解させるんだよ。例えば，ネームプレートを移動するルール，答えを教卓に置いておくなどの「お約束」を伝えておくんだよ。

もし、そのクラスの先生が『学び合い』をやってみたいと言えば、子どものほうは準備OKだよ。だから、初日から何もしないのに上手くいく。おそらく手品の種を知らない先生にとっては狐につままれたような思いだろうね。あはははは。

田中：それはビックリすると思います。

西川：『学び合い』が学校に定着するか否かを決めるのは、何だと思う？

田中：校長が『学び合い』に賛同するかどうかですか？

西川：校長が賛同するほうがいいけど、賛同しても上手くいかない学校は少なくないよ。

田中：何故ですか？

西川：結局、授業をするのは教諭だから。そして、『学び合い』は心でやる授業。だから、やりたくない先生方に命令しても『学び合い』は成功しない。校長は反対しなければいいんだ（筆者注：もちろん、反対すれば難しいのは当然です）。

田中：では、何が決めるのですか？

西川：学校の中で3人の人が『学び合い』がいいと思うこと。出来れば、その中に1人以上の中堅・ベテランの先生が含まれること。特に、その学校に長く勤務している先生がいれば無敵だね。

田中：何故ですか？

西川：中堅・ベテランを含む3人が「やらせて下さい」と言えば、それは潰されない。潰されなければ、やがて結

果を出せる。結果を出せば認められる。

とにかく，新しい学校ではあなた以外に2人の理解者を得ることが大事だよ。これは，大きな学校でも，小さな学校でも同じ。とにかく隠れキリシタン状態を脱することが出来るか否かは3人になるか否かで決まるんだよ。

田中：分かりました。

西川：どういう先生が『学び合い』に親和性が高いかは教えたよね。

田中：はい，ニコニコしていて，授業中に子どもが先生に茶々を入れる。でも，先生が真顔になると，子どもたちも真剣になるような先生ですよね？

西川：子どもたちを信頼しているから緩めるところは緩めることが出来る。そして，締めるところは締められる先生。逆に親和性の低い先生は？

田中：しわぶき一つない静かな授業をずっとしている先生と，笑いあり涙ありのエンターテーメント性の高い授業をする先生ですよね。

西川：そう。両方とも表現方法は違うけど，子どもが自分の想定していないことをするのを嫌う。だから，前者は締め付け，後者は自分のシナリオで動かそうとする。ま，偏見をもってしまうのはいけないけど，このタイプの先生には伝え方を注意することだよ。

6 学校としての取り組み

🧑 田 中：私は，学校として『学び合い』を取り組みたいと願っています。どうしたらいいでしょうか？

🧑 西 川：あなたが研究主任になり，一定以上の先生方が『学び合い』を実践するようになったら，学校の研修テーマを『学び合い』にしたいよね。

🧑 田 中：もちろんです。

🧑 西 川：それはダメだよ。

🧑 田 中：意外です。何故ですか？

🧑 西 川：『学び合い』は心でやる授業だよ。やりたくない先生に「校内研修のテーマだからやって下さい」と言ってもやらないだろうし，やったとしても『学び合い』にはならない。だって心が伴っていないのだから。そして，その結果として生じる問題を全て『学び合い』のせいにするに決まっているよ。

🧑 田 中：じゃあ，どうしたらいいのですか？

🧑 西 川：「一人も見捨てない教育の実現」をテーマにすればいいよ。おそらく，昔からある学校のテーマ，県の方針を調べれば，それに関係する文言はあるよ。それらと関わらせるならばテーマとする。おそらく反対する理由はないはずだよ。

🧑 田 中：たしかに。

西川：その上で，一人も見捨てない教育を実現出来たか出来なかったかを抽象論に終わらせないように，指標を明確にするんだよ。具体的には，業者テストの期待得点以下の子どもを０にすることを目標として掲げるんだよ。反対する人はいないよね（注：中学校，高校の場合は「60点とれれば基礎学力が保証されるテストをつくって下さい。そして60点以下の子どもを０にすることを目標しましょう」として掲げます）。

田中：そんなこと出来るわけないと思うでしょうが，目標として掲げることを反対する理由はないですよね。

西川：ポイントは平均点ではなく，分布を目標としていることだよ。平均点を上げる方法はいくらでもある。具体的には成績が「中の下」の層にターゲットを絞ったレベルのドリルをテスト前に繰り返せば平均点は上がるよ。しかし，期待得点以下の子どもの数は変わらない。その子たちが少なくなるために補習をしても効果は限られている。１人の教師が成績下位の補習をできるのはせいぜい２人ぐらいが限度だからね。結局，期待得点以下の子どもも含めて全員が点数を上げることが出来るのは『学び合い』ぐらいだから。

　なお，「方法は自由です。先生方が今までに培った様々な方法で進めましょう」と言えば多くの先生方が安心するよ。

　まあ，ひねくれたことを想定するけど。例えば，テストの点数は学力ではないと言う先生がいたら，「た

しかにそうですが，点数も上げられないのに学力云々と言えませんよね。特に，保護者に説明出来ません」と言えばいいと思う。

また，方法は自由だと言われても困ると言われれば，「私は『学び合い』がいいと思っていますが，そのように決めていいですか？」と言えば引き下がるよ。

田 中：あはははは。そこまで考えているのですね。

西 川：あとは結果を持ち寄りながら研修を深めればいい。おそらく『学び合い』に反対する人は，結果を出してもなんだかんだと理由をつけるよ。

でもね。それは気にしなくていいんだ。反対する人を説得出来るわけないよ。納得したくないのだから。

田 中：じゃあ，何のために研修をしているのですか？

西 川：反対も賛成もしていない中間層の先生方に分かってもらうことだよ。

結果が出れば，そのような先生方は勉強しようとするよ。日本の教師は基本的に真面目だから。さっき話したように，あなたが伝えた人が「私もはじめは信じられなかったの」と伝えれば納得してもらえる可能性が高い。そして，取り組もうと思ってもらったら合同『学び合い』から入ってもらう。あとは同じだよ。

田 中：反対する方はどうしたらいいのですか？

西 川：ほっておけばいいよ。というか，そうするしかない。

田 中：それでいいのですか？

西 川：私は反対者のいない集団は不健全だと思う。一定数の

反対者がいるほうが集団は健全だよ。反対する方からの疑問に応えることによって『学び合い』を実践している人の理解は深まるよ。

田 中：分かりました。

でも，その方のクラスの子どもは不幸ではありませんか？

西 川：まあ，全教科を教えていることは少ないから。理科や算数や音楽は別な先生が教えていたとしたら，その時間だけでも学び合わせればいいよ。

そして，大多数の先生が合同『学び合い』程度はやるようになったら，学校として週イチだけでも全校で学び合うことを決めたらいいんじゃない？

授業時間を潰さずに出来る，ソーシャルスキルを育成する授業ということだったら，反対している人たちも受け入れられるかもしれない。そのあたりが落としどころかもね。

田 中：それなら出来そうですね。

西 川：そして，県外の実践者のところに複数で参観に行ってもらって，その話を校内でしてもらう。

田 中：私自身が他県の人の『学び合い』を見たことがないので行きたいですね。でも，何故，複数なのですか？

西 川：行き帰りの途中でずっと学び合えるから。そして，帰ってから全校の先生方に説明するのも複数のほうが心丈夫だよ。

7 保健の先生・介助員

西川：中学校，高校で『学び合い』を実践したとき，学校で最初に『学び合い』の良さを知るのは誰だと思う？

田中：同じ教科の先生か，同じ学年の先生ですか？

西川：違うよ。だって，最初の頃は『学び合い』を実践していることをおおっぴらにしていないから分からないよ。

田中：分かりません。

西川：保健の先生だよ。

田中：え？何故ですか？

西川：ある中学校の先生から聞いたことだよ。

　保健の先生から「どんな授業をしているの？」と聞かれたんだって。何故そのような質問をするかを聞くと，保健室で寝ることの多い子が来ない時間があるんだって。それで誰の授業のときかを調べたら，その先生の授業のときは保健室に来ないことが分かった。

　そこで，保健室に来たときに授業の様子を聞いて興味をもったそうだよ。

　学校の中で保健の先生は成績をつけない。だから，生徒も色々なことを言いやすい。だから，弱い立場の生徒が保健室に集まってくる。保健室はその手の情報が集まるからね。

田中：なるほど。

西川：保健の先生には『学び合い』の願いを語って理解してもらうといいよ。他の先生と違って授業をしていない。だから，『学び合い』を受け入れやすい。その先生とのパイプをもっていれば，子どもの中で『学び合い』に対して不満がある場合，そこに情報が集まる。その先生から情報を得れば，いち早く対応できるよ。

田中：それは大事ですね。

西川：介助員の方も大事にすべきだよ。

　　　もし，介助員の方に理解してもらえるととても有利だよ。

田中：何故ですか？

西川：介助員の方は保健の先生と同じ理由から『学び合い』を受け入れやすいとも言える。もちろん，最初は担当する子どもを抱え込んで，他の子どもと関わることに関して抵抗するかもしれない。でも，その子が周りの子どもに受け入れられたとき一番喜んでくれるのもその人だ。

　介助員の方は複数の学校をかけ持ちしている方も少なくない。その人が他の学校でも，『学び合い』の肯定的な宣伝をしてくれることがあるからね。

　その他に，給食調理員の方は，残飯の量，食器の返し方でクラスの状態をかなり正確に把握しているからね。

仲間

　ネットで検索すれば,『学び合い』を否定するコメントは山ほどあります。その中には大人の表現としては「？」のものもあります。そして,私の人格を否定するものもあります。仕方がありません。新しいものを始めれば,疑問をもつのが普通です。その中には大人げない言動をとる人もいます。残念ですが,仕方がありません。

　その私は上越教育大学の専門職大学院という組織で勤めています。十数人の同僚といっしょに仕事をしています。当然のことながら,その大部分は非『学び合い』です。しかし,『学び合い』を実践することが障害になったことはありません。

　まあ,腹の中では「西川さんは極端なことを言っているな」と思っている方が大多数だと思いますが,「面白い選択肢の一つである」と思われています。そして,私が同僚と話すとき『学び合い』の「ま」の字も言わずにいますが,何の問題もありません。

　所属している組織,そして目の前の学生のために出来ることをいっしょにしている仲間だと思っています。

第5章

週イチから始めよう！
授業のファーストステップ

　『学び合い』の見た目は「変」です。

　常識的な教師であれば，「？」と思うのは当然です。そして，ダメ出しをする人もいるでしょう。

　ミケランジェロがフィレンツェのダビデ像の彫刻を頼まれたときの話です。完成した像を市に受け渡す際，市の役人が来ました。

　その役人は，「鼻が高すぎるのでは」と意見を言いました。ミケランジェロは「素人の小役人が！」と腹の中で怒りました。しかし，表情は変えず，役人の見えないようにつくりたてのダビデ像の周りにある削りくずの粉を，そっと手に取りました。そして，ダビデ像の鼻を削り取る「ふり」をして，手の中の粉を「そっと」落としました。そして，「なるほど，ちょうどよくなりましたね」とミケランジェロは役人に微笑みながら語ったそうです。役人は，「うん，ちょうどよくなった」と大変満足しました。この寓話が指し示す内容は，理解できますよね。

① まずは週イチ

🧑 田 中：西川先生から『学び合い』を教えてもらって、そこそこ出来るようになりました。同じ学校に西川先生がいるので、まあ、『学び合い』もそれなりに認知されています。しかし、次の学校に異動したときに『学び合い』が出来るかどうか不安です。どうしたらいいのでしょうか？

🧑 西 川：新しい学校に異動したら、新任だと思って考えたほうがいいね。だから、今から教えることは、新任の人が『学び合い』をやるときに押さえるポイントだと思ってね。

🧑 田 中：はい。

🧑 西 川：『学び合い』でやっている1時間丸ごと子どもに任せることは、今までの授業でもやっていたことだよ。例えば、単元のまとめとか。それに、理科の実験や、実技系教科ではやっていたよね。だから、そういう授業もありえることは認めやすい。ただ、抵抗感があるのは、それがずっとであることだよ。

🧑 田 中：はい。

　　私も最初は、基礎・基本を教えた後だったらありえるかもしれないけど、最初から全部任せることは出来ないと思っていました。

西川：まあ、そうだよね。

　小中高の全ての教科の大部分の授業は成績「中」もしくは「中の下」に合わせた授業で、塾・予備校・通信教材が発達した今の世の中では、その程度のことを教えられる子どもはかなりいる。しかし、それを説明しても納得しないだろう。前に言ったように、大部分の教師は理屈で納得しないから。

田中：では、どうしたらいいのですか？

西川：週の中で1時間だけ『学び合い』をするんだよ。

　それでやる分には抵抗は少ない。小学校の場合は、算数で週イチ、国語で週イチ、理科で週イチで広げればいい。中高の場合は、2週間で1回を週イチにして、週2にする。徐々に増やすことだね。

　その中で、今まで話したように、周りの人の理解を得て、分かりやすい成果、例えば、成績の結果を出せば増やせるよ。なにしろ、アクティブ・ラーニングはやらなければならないのだから。それを錦の御旗にすればいい。ただし、偉そうに見えない程度にね。

（注）「週イチでできる！アクティブ・ラーニングの始め方」（東洋館）、「『学び合い』を成功させる教師の言葉かけ」（東洋館）、「クラスがうまくいく！『学び合い』ステップアップ」（学陽書房）、「すぐ実践できる！アクティブ・ラーニング」シリーズ（学陽書房）を参考にして下さい。

2 安全運転で

🧑 田 中：分かりました。

　　西川先生の例は新任教員の場合だったらよく分かります。しかし，私は既に若手と言われる年齢でもありません。また，まがりなりにも『学び合い』を何年も実践しています。その私が新しい学校に異動した場合は週イチでなくてもいいですよね？

　　もちろん，周りには目立たないようにしますが。

🧑 西 川：分かるよ気持ちは。でも，とりあえずは１学期ぐらいは週イチにしたほうが安全だと思うよ。

🧑 田 中：何故ですか？

🧑 西 川：その学校にはその学校の「お約束」がある。

　　各学校には，先生方が暗黙に良しとしていること，悪しとしていることがある。それが分からない。だって，田中さんも新しい学校に異動したら１年間ぐらいは職員会議では積極的に発言しないでしょ。それと同じだよ。

🧑 田 中：なるほど。

🧑 西 川：それにね，担任している子どもに関する情報が決定的に欠けている。

　　例えば，担任している子どもの中で注意すべき子どもはどんな子どもであるか。また，その子どもに対し

て前年度,前々年度にどのような指導がなされており,先生方の中でどんな了解がなされているか。

　また,担任する子どもの保護者がどんな保護者であるか。そのような情報は異動してから1年間たてば常識になるかもしれない。多くは1学期で分かることだよ。だから,とりあえずは1学期ぐらいは週イチにすることを勧めるね。

田 中:その期間はどんなことをしたらいいのですか？

西 川:その学校でやられていたこと。また,前年度,前々年度にやられたことを取り入れたらいいんじゃないかな？子どもも安心すると思うよ。

田 中:そんなことでいいのでしょうか？

西 川:『学び合い』の一番大事な部分は相談自由,立ち歩き自由ではない。「一人も見捨てない」にこだわること。だから,田中さんがそのことを本気で願っていれば,どんな形式も『学び合い』に近づくよ。

　ただしね,最初から『学び合い』でガンガンに出来る場合が一つある。

田 中:え？どんなときですか？

西 川:学級崩壊などでクラスがガタガタになっていて,校長も,同僚も,保護者も,「何でもいいからなんとかして」というときだね。

田 中:なるほど。

西 川:逆に言えば,それ以外は週イチから始めることを勧めるよ。

第5章　週イチから始めよう！　授業のファーストステップ

③ 部分的な『学び合い』

田 中：分かりました。週イチ以外の授業はどうしたらいいのでしょうか？具体的に教えて下さい。一斉指導をすればいいのでしょうか？

西 川：それもありだと思うよ。

　さっきも言ったけど、多くの先生方は『学び合い』の本体が何かを知っていない。『学び合い』の本体は、立ち歩きでも、相談自由でもない。「一人も見捨てない」にこだわることが『学び合い』の本体だよ。

　だから、多くの先生方に抵抗感の少ない形式にして、その中に「一人も見捨てない」を語れば、効率はかなり下がるけど『学び合い』に近づけることは出来るよ。

田 中：具体的にはどうしたらいいのですか？

西 川：授業の中に10分や15分の話し合い活動を入れることは変な授業じゃないよね。

田 中：はい。『学び合い』に近づけるポイントは何ですか？

西 川：『学び合い』で使っているネームプレートなどを利用して、誰が出来て、誰がまだ出来ないかを子どもたちが分かるようにする。そして、「一人も見捨てない」を求めることだよ。

　田中さんは分かっていることだけど、『学び合い』は時間を長く子どもに与えれば与えるほど、幾何級数

的に子どもたちは成長する。逆に言えば、短くすると幾何級数的に効果が下がる。だから、10分や15分では1校時の『学び合い』よりはるかに効果は低くなるけど、やらないよりははるかにいいよ。

田中：他にポイントはないですか？

西川：話し合わせた後に、指名して答えさせない。

田中：なるほど。結局、教師には答えてほしい反応があるのですから、子どもたちがどんなことを話しても、そちらに誘導します。

　教師の期待した答えではないと「う〜ん、それもあるね」と応え、期待した答えだと「なるほど、何故そう思ったかみんなに説明して」と言えば、教師が何を期待しているかは明白ですよね。そうなれば、子どもはシラけてしまう。だから、指名して答えさせることは意味がないですよね。

西川：そう。それに、指名して発言するまでにモジモジされたら時間のロスだから。『学び合い』と同様に答えは教卓においておけば、正しい答えは何かを子どもは知っている。

④ プリントを用意する

 田 中:学年主任の先生から、まとめをしなくていいのか？と聞かれました。

 西 川:典型的な疑問だよね。

　　　教師が最後まとめるのは何故だろう。おおよそ2つの意味があるね。

　　　第一は、子どもが本当に分かったかを確認するため。

　　　第二は、子どもの理解を定着させるため。

 田 中:はい。主任の先生もそのようにおっしゃっていました。

 西 川:最後に小問1つの小テストをやらせて、それが解けたら本当に分かったのだろうか？違うよね。

　　　最後に2, 3人の子どもを指名して答えさせたとする。その2, 3人の子どもが答えられたとする。それでクラス全員が分かったことを意味しているのだろうか？そんなわけはない。

　　　そして、小テストをやらせて分からない子どもがいたとする。2, 3人を指名して答えさせたら間違っていたとする。その段階は授業の最後で時間がない。つまり、分からないことが分かっても何も出来ない。もちろん、次の時間に何らかのことをするかもしれないけど、そんなことをすれば次の時間にやるべきことが出来なくなる。放課後に残すことも出来るかもしれな

い。しかし，それが出来るのはせいぜい２，３人程度。第一，そんなことをしていたら家庭を犠牲にする。

　結局，次の時間に説明を繰り返し「分かったよね？」と言って，確認せずに前に進む。それが現実。

　子どもが本当に分かったかを知るためにはもの凄く手間がかかる。会話が必要。しかし，１人の教師が毎時間30人の子どもと会話をして確認することは出来ない。だから，『学び合い』では互いに確認する子ども集団を育てようとしている。ところが，中途半端に教師が確認すると，「先生がやっているから」ということで子ども同士が確認することの阻害になってしまう。

田中：そのあたりは分かっているのですが，説明しても分からないと思います。

西川：そう。大多数の先生方は理屈を説明しても分からないからね。

　それに「子どもの理解を定着させるため」とおっしゃる先生がおられるけど，授業の最後に１分程度説明して知識が定着するぐらいだったら，授業最初に話せばいい。分かるということはそんなに簡単なことではない。

田中：そのあたりも分かっているのですが……。どうしたらいいのですか？

西川：プリントを用意して，子どもたちはそれをノートに貼ればいいと思うよ。

田中：どんなプリントですか？

西川：一斉指導だったら書くであろう板書をノートの最初に書いておく。そうして，授業の最初にそれのごく一部を喋ればいい。そうすれば，基礎・基本を押さえたという形にすることが出来る。

次に，10〜15分の話し合いで与える課題の答えを書けるように，空欄を用意する。

そして，プリントの最後に一斉指導だったら書くであろう板書をノートの最後に書いておく。そして，授業の最後にそれのごく一部を喋ればいい。

そして，確認テストなんかを付け加えておき，裏面に答えを書いておけば，自主的にチェックできるようになる。

こうすれば，最後のまとめをしているという形にすることが出来る。

それをノートに貼り付ければ，立派なノートが出来ることになるよ。

田中：なるほど〜。

西川：子どもの中には文字を書くのが不得意で，時間がかかる子がいるよ。板書を写させると，そのような子が書き終わるまで全員を待たせなければならない。とても大きなロスだ。

本が高価で，コピー機，印刷機がない時代だったら，板書は意味があった。ま，遣唐使の写本みたいなものだよ。でも，コピー機，印刷機が発達している現在，長々と板書をノートに写す必要性は殆どないと思うよ。

むしろ，書き写す時間を子どもたちが主体的，協働的に問題解決する時間にすべきだと思うよ。

田　中：それは効率的ですね。

西　川：それにね，教師も板書をする必要性がなくなる。

　　　板書をしている間，教師は子どもたちに背を向けている。つまり，子どもを見ていない。ところがプリントを用意していれば，子どもたちを見ながらプリントの内容を説明することが出来る。

田　中：たしかに，それはいいですよね。

西　川：そういうふうに授業をしていれば，色々なことが見えてくる。そのことをノートに書いておけば，学年主任の人が何か言ってきたとき，どれだけ子どもを見取っているかを示せるよね。

　　　あ，もちろん，嫌味にならないようにね。

⑤ 自由にグループをつくる

田 中：学年主任の先生から，話し合い班をつくるべきだと言われたのですが，どうしたらいいでしょうか？

西 川：あ〜……。

　世の中には４人の話し合いグループをつくるべきだとか，机はコの字に並べるべきだとか言う人がいるね。私はその人に，「根拠は？」と聞きたいんだよ。私はそうすると色々な問題が生じる「学術的な根拠」を示すことが出来るけど。

　しかし，何度も話したように，大多数の人は理屈で納得しない。突き詰めて話すと感情的になってしまうからね。

田 中：どうしたらいいのですか？

西 川：エピソードを話そう。

　どのクラスでも，席決めは子どもにとっては一大事だよ。だから，どのように決めたらいいかを子どもに話し合わせたならば決められない。どんな決め方をしても，その後で色々な理由を言い出して変えてくれと言う子はあとを絶たないよね。

田 中：はい。

西 川：私のクラスでも，そんなことでもめそうになったんだよ。ところがね，ある子が「『学び合い』だったら，

どこに座っていても関係ないじゃない」と言ったんだ。そうしたらクラスのみんなが「な〜んだ」と納得し，あとはくじ引きで決めることになって，誰からの文句も出なかった。

田中：なるほど。でも，今の話とどんな関係があるのですか？

西川：4人班をつくりなさいと言われればつくればいい。コの字に並べなさいと言われれば並べればいい。要は，「ただし，班以外の人と『も』相談してもいい。大事なのは全員達成だよ」とすればいいだけのことだよ。

田中：な〜んだ。

西川：どうでもいいことで突っ張る必要はないよ。

田中：あはははは。そうですね。

西川：もの凄く管理的なところだと，立ち歩きは出来ないこともあるよ。でも，その場合だって，隣の人ばかりではなく，前後左右の人とも相談できる。首を伸ばせば，一つ席が離れた前後左右の人とも相談できる。

　やりようはいくらでもあるよ。

6 時間を守らせる

田中：学年主任の先生から、「立ち歩きを許していると規律が保てないのではないか？」と聞かれたのですが、どう説明したらいいでしょうか？

西川：ま、説明しても無理だと思うよ。静かに、微動だにしないことが規律だと思っている先生が多いからね。

田中：どうしたらいいのでしょうか？

西川：静かに、微動だにしていない姿「も」見せればいいんだよ。

田中：具体的にはどうしたらいいのでしょうか？

西川：立ち歩きを許した後に、時間になったら、教師が「静かにしなさい」、「席に戻りなさい」と言わなくても、席に戻って静かに、微動だにしないようにするんだ。
　その姿を見れば、規律のあるクラスであることが分かるからね。

田中：そうしたいのですが、時間が守れずにズルズルしてしまうのです。

西川：ズルズルするのは、田中さんがズルズルしているからだよ。

田中：え？

西川：例えば、あと一人で全員達成になる、あともう少しで達成する、というときになると、田中さんは時間を延

長してしまうでしょ？

田中：は，はい。

西川：その姿を子どもは見ているんだよ。

　　　全員達成も大事だけど，時間内に全員達成することを求めなければならない。だから，あともう少しであっても，時間を切らなければならない。

田中：しかし，もう少しで全員達成を実現できるのにですか？

西川：『学び合い』は一回，一回の全員達成ではなく，中長期の中でクラスをつくることを目指している。時間を甘くするとメリットより，デメリットのほうがはるかに大きい。

田中：分かりました。

西川：時間が守れなかったら，全体に向かってそれがダメなことを語ってね。大人社会では時間を守れなければ認められないことを語ればいい。クラスをリードする２割の子どもは分かるよ。そして，「全員が時間を守れるようになるために頭を使って出来ることをしよう」と語ればリードする子どもがうまくやってくれるよ。

　　　そして，時間を守れるようになったら，「このクラスでは当然です」という表情で主任の先生にアピールすればいいよ。あはははははは。

7 たして2でわる『学び合い』もどき

西川：週イチで『学び合い』を実践して,同僚や保護者に「アクティブ・ラーニングを試みに一部取り入れています」と言っている限りは,問題は起こらないよ。

　　　しかし,『学び合い』の頻度が多くなっていくと外圧が強まる可能性がある。

田中：どうしたらいいのですか？

西川：まあ,のらりくらりとやり過ごすことだね。でも,どうしてもやめろという圧力がかかったときどうするか？例えば,校長とかから。どうする？

田中：それはやめるしかありません。

西川：それによって「あなた」は助かるかもしれない。でも,子どもの将来はどうするの？『学び合い』は単なる授業方法じゃない。子どもを一生涯幸せにするために実践しているんだよ。

田中：じゃあ,どうしたらいいのですか？

西川：戦略的な撤退だね。具体的には,週イチで『学び合い』を実践して,同僚や保護者に「アクティブ・ラーニングを試みに一部取り入れています」と言うレベルに戻る。そして,今まで話した通り,見た目をちょっと変えるんだ。でも,「一人も見捨てない」という一線は守る。

田中：それでいいのですか？

西川：仕方がないよ。でもね，あなたが本当に「一人も見捨てない」という願いをもち続けていたら，それは授業外のありとあらゆる面でにじみ出るよ。それで子どもは分かってくれる。

田中：分かりました。

西川：一つ注意することがあるよ。

　　　今までの授業だったら，様々な手法を取り入れれば向上することがありえる。いわゆる引き出しが多くなるわけだよ。でもね，『学び合い』は根本の考え方が違う。例えば，子どもをどれだけ有能だと考えるかが決定的に違う。だから，授業時間の半分は一斉指導で半分は『学び合い』の授業をすると，『学び合い』でなくなってしまう。『学び合い』のテクニックを活用した一斉指導になってしまう。たして２でわる『学び合い』は『学び合い』ではなくなってしまう。

　　　授業能力の凄い教師はバランスをとれるけど，普通の教師は絶対に無理だね。

田中：良いもの同士を合わせればもっと良くなるように思うのですが。

西川：アイスクリームとリンゴを混ぜれば美味しくなるかもしれないけど，アイスクリームとカレーを混ぜるとまずくなる。それと同じ。そんなことするぐらいだったら。週イチであっても純粋な『学び合い』を実践するほうがいいよ。

最後の一線

　『学び合い』にダメ出しをする方々に悪意はありません。

　『学び合い』は板書もない，発問もない，まとめもない。教師がボーッと立っているだけのように見えます（実はそんなことはないのですが，『学び合い』を分からない人にはそうとしか見えません）。学級崩壊のような状態です。ダメ出しをするのが当然です。

　新しいことを始める者には説明責任があります。ただ困ったことに，説明しても理屈では分かってもらえません。ではどうするか。うまくやるのです。

　管理職は3年で異動します。学年主任は2年で別々になるでしょう。毎年，毎年，転出する人がいるのですから，数年たてば，ものが言えるようになります。

　分からない人を説得することは難しい，多くの場合は無理です。そして，説得する過程で問題をこじらせます。どうでもいいことで突っ張ることはやめましょう。我々が守るべき一線は「一人も見捨てない」なのです。幸い，それを否定されることはありません。

第6章

仲間と広がりを生みだそう！
自分の志を保つために

　学校で『学び合い』を実践している人がたった一人の方は多いと思います。今は学校に仲間がいても，異動先で一人になることを不安に思っている方は少なくないと思います。

　たった一人だと，自分の実践が上手くいかないとき相談する相手がいません。上手くいっていたとしても，これで本当にいいのだろうかと不安になることもあります。致し方のないことです。人は一人で生きられない生物です。

　ご安心下さい。

　『学び合い』を実践している人は全国各地にいますし，あなたの近く（少なくとも車で1時間以内）にいます。本当？と思われるかもしれませんが，そのような人がいます。地元の大きな書店に行けば『学び合い』関係の本はあると思います。それがあるということは，本が売れていることを意味しています。つまり，近くに身銭を切ってでも『学び合い』を学ぼうとする人がいるのです。

1 会に参加しましょう

🧑 西 川:『学び合い』の仲間はインターネットを通じて,全国の仲間とつながっている。そして,インターネットを通じて,『学び合い』と出会い,仲間となってくれる人がいる。しかし,リアルに出会い,顔と顔を見合わせながら話し合うことの良さは当然だよ。文字では理解できなかったが,疑問をぶつけることによって納得することも多い。その意味で,『学び合い』の会はとても重要だよ。

👩 田 中:はい。西川先生に誘われて参加して学びの多い会だと思いました。でも,ビックリしました。

🧑 西 川:どこが。

👩 田 中:今まで私が参加した会の場合,カリスマ教師が発表して,そのワザをまねる会でした。ところが『学び合い』の会では,カリスマ教師が見当たらないのです。ごく普通の先生がほんわかと話している。それにビックリしたのは,発表者の中に,保護者や子ども,そして企業の人もいることにビックリしました。

🧑 西 川:教師以外が参加する会は殆どないよね。

👩 田 中:それにフリートーク。最初は面食らいました。

主催者の人が「今日の課題は,ここにいるみんなが『学び合い』に関して,より分かることです。全員で

110

す。では，参加者はどうしたらいいでしょうか？少なくとも，『学び合い』を実践している人は分かっていますよね。周りを見回して，頭を使って下さい。では，ご自由にお話し下さい」と言われたときはどうしていいのか分かりませんでした。しかし，見知らぬ人と話してみると楽しいですね。また，発表者の人とも気軽に話せるので，発表したことに突っ込んだ話し合いが出来ます。

西川：そりゃ「多様な人と折り合いをつけて自らの課題を解決する」ことが大事だと思っている人たちの会だからね。

田中：最初は主催者のおっしゃった「『学び合い』を実践している人は分かっていますよね」という言葉が分かりませんでしたが，しばらくして「あ，私はクラスをリードしている子どもと同じことをすればいいんだ」と分かりました。

西川：正解！

田中：もともと教師は話したがりの人種だと思います。黙って聞いているより，人と話すのは楽しいです。退屈しません。

② 参観しましょう・参観してもらいましょう

田 中：『学び合い』の会で出会った人と意気投合したのですが、その先生から今度授業を参観させて下さいとお願いされたときはビックリしました。

西 川：人は既存の概念で物事を理解する。本にハッキリと書いてあっても、今までの概念に反すると「まあ、表現の上のことで、実際はそこまでやるわけないよな」と間引いてしまう。逆に、本に「してはいけない」と書いてあっても、今までやっていたことをしてしまう。

　だから、参観はとても大事だよ。それに参観しないと、幸せそうな子どもの姿が分からない。よく「教えてもらう一方の子は嫌な気分になるのではないでしょうか？」ということを聞く人はいるけど、実際の子どもを見れば、その疑問がいかに馬鹿馬鹿しいかは一目瞭然だよね。

　でも、『学び合い』の授業公開は楽でしょ？

田 中：はい、もの凄く楽です。今までの授業だと、黒板に何を書こう、どのように発問しようと考えてしまいます。結局、参観者は授業者を見ているのですから。しかし、『学び合い』では子どもを見てもらっています。私はニコニコしていればいいだけです。そして、参観者に子どもの動きを説明するぐらいです。自慢の子どもた

ちを参観者に自慢できるのですから楽しいに決まっています。

それに，西川先生から「授業公開すると得だよ」と言われていましたが，それは実感しました。

西川：どんなところ。

田中：参観する前日に，「君たちの勉強が凄いということで，遠くの町の先生が明日参観に来ることになったよ。大丈夫かな？」なんて言ったら，最初はそんな遠くから見に来てくれることにビックリしたようです。そして，なんかスターになった気分になったようで，「任せて！」と数人の子どもが言うのには笑ってしまいました。

当日は，いつも以上に頑張ってくれました。特によかったのは，いつもは話さない子ども同士が一生懸命に学び合っていたのです。そして，それ以降，その子たちが学び合う姿を何度も見ることがあります。参観がきっかけになったのですね。

西川：見られることによって美しくなるのは年頃の女性ばかりではないということだよ。あはははは。

ただし，遠方から参観者があれば，良くも悪くも注目される。あくまでも謙虚にね。

③ 情報発信をしましょう

西川：田中さんもフェイスブック，ブログ，ツイッターで情報発信しよう。

田中：私がですか？そんな皆さんに発信するだけの情報はありません。

西川：そんなことはないよ。今，『学び合い』について知りたがっている人は少なくない。『学び合い』の理論だけど，一番知っている人が一番の教え手とは限らない。相性の問題だ。つまり，『学び合い』を知りたがっている人の中には，田中さんが一番相性のいい人がいると思うよ。

　例えば，しばらく会っていない中学校の同級生が教師になっていて『学び合い』に興味をもっていたとする。調べてみたらあなたにヒットする場合だってある。

田中：たしかにそうですね。私は教員養成系学部出身ですから，先輩後輩を含めれば1000人以上の教師と大学で顔見知りになっています。西川先生のおっしゃることはあるかもしれません。

西川：今の時代，多くの人はインターネットによって情報を得ている。特に，これから教師になろうとする学生さんはそうだ。さて，現在，小中高の教師の数は70万人だよ。その中で，インターネットで情報発信してい

る人はどれだけいるかな？そして，ハッキリとした理論に基づいて授業実践をしていて，それを情報発信している人はどれだけいるだろう？

田中：そこまでになると，もの凄く少ないと思います。

西川：仮に1％としよう。まあ，それよりも少ないけど。とりあえず1％としよう。だとすると，インターネットに流れる教育に関係する理論は7000人の人によって決定される。つまり，田中さんが情報発信することは100人の教師分の意味があるということだよ。

田中：そんなふうに考えたことありませんでした。私一人で100人分ですか。凄いですね。

　　　でも，そのような情報発信する場合に注意すべきことは何ですか？

西川：前に言ったように，インターネットは公の世界だ。そう考えれば，校内の人に接するときに注意することと同じ。無意味な軋轢を生じるような「表現」は避けることだよ。

田中：分かりました。

西川：もう一つは，毎日，続けること。何か特別なことがあるから記事を書くのではなく，毎日の中から記事を見出すこと。幸い，『学び合い』では，子どもたちが毎日ドラマを見せてくれる。それを自慢すればいいんだよ。

④ 会を開きましょう

🧑 西 川：田中さん。『学び合い』の会を開いてみない？

👩 田 中：え？私なんかが開いていいのですか？
　　　　　私なんてほんの駆け出しです。

🧑 西 川：『学び合い』は心でやる授業だ。心にかけ出しも何も
　　　　　あるわけないよ。何かの技術を多く覚えている，上手
　　　　　くやるのだったら1級とか初段とかの段位があるかも
　　　　　しれないけど，心には段位はない。どんな人も迷うし，
　　　　　どんな人も導ける。

　　　　　第一ね，『学び合い』の会はカリスマ教師が教える
　　　　　会じゃない。カリスマ教師はいなかったでしょ？

👩 田 中：はい。ごく普通の先生がほんわかとした話をしていま
　　　　　した。面白かったのは，どんな失敗をしたかを発表し
　　　　　て，どうしたらいいのでしょうか？と聞いている人も
　　　　　いました。そして，多くの時間はフリートークで，
　　　　　『学び合い』の授業と同じように自由にごちゃごちゃ
　　　　　話す時間でした。

🧑 西 川：だから，教えなきゃいけないなんて考える必要はない
　　　　　よ。みんなが学び合える場所を用意するだけでいいん
　　　　　だ。

👩 田 中：開催する場合はどこに申請すればいいんですか？

🧑 西 川：そんなの何もないよ。

田　中：この前参加した会の資料を見たら「子どもに学ぶ教師の会」が主催とありましたが、そこに承諾を得なくていいのですか？

西　川：『学び合い』は勝手連だよ。やりたい人がやればいい。「子どもに学ぶ教師の会」は教育委員会の後援申請をするときに利用する名前みたいなものだね。

田　中：それにしても不思議な会ですよね。通常の研究会では、年会費を払ったメンバーが構成員となり、所属人数もはっきりしています。この「子どもに学ぶ教師の会」は、どういうネットワークになっているのでしょう？会費も払わず、しなければならない活動もありません。「あなたは『子どもに学ぶ教師の会』の何なの？」と聞かれたら、説明できません。例えば、「学びの共同体」は、実践校ということで学校全体を一つの方法で方向付けしようとしているような気がしますが、『学び合い』は、実践する「その場にいる教師」をとても大切にしています。何をしたのか、何をどうするのか、という方法だけを情報交換するのではなく、どうしてそうしようと思ったのか、なぜそう判断したのか、という実践知を議論しているような気がするのです。しかも、それらがネットでオープンにされているということは、いつでも誰でも、自分がそうだと思ったときが『学び合い』のメンバーですよ、ということでいいのでしょうか？

西　川：たしかにそうだね。でも、私自身はゴチャゴチャとし

たほうがいいと思う。しかし,『学び合い』と同様に達成すべき課題,方向性は一致しなければならない。では,「私」はどう思っているかと言えば,『学び合い』の定義とは,学校観・子ども観に書いてある「あたりまえ」のことが定義だ。おそらく,「たてまえ」として,あれを否定する人は少ないと思う。しかし,現実の場面では,あれに矛盾することをしている人が大多数だよ。『学び合い』の仲間とは,あれを実践している人,そして,それを目指している人。また,「子どもに学ぶ教師の会」の趣旨はＨＰ (http://manabiai.g.hatena.ne.jp/jun24kawa/20060508) にある。子どもに学んだ結果が,『学び合い』だよ。

　その前提の上に,会員証は心の中に。会費は行動で。特典は,田中さんと教え子と同僚の幸せ。もちろん,田中さんの家族の幸せも。

田中:それにしても変な会ですね。

西川:そういう会が少数であるという点では変だね。でも,私は好きだよ。

田中:私もです。

　しかし,会なんて開いたことがないので,どのように開いたらいいか分かりません。

西川:『学び合い』以外の会を開くのは大変だけど,『学び合い』の会を開くのはとても簡単だよ。だって,「多様な人と折り合いをつけて自らの課題を解決する」ことが大事だと思っている人たちが集まる会だから。最初

に気を楽にしよう。

田中：そういえば、『学び合い』の会の主催者の人たちは参加者と見分けがつきませんね。ゴチャゴチャしている。考えてみれば、『学び合い』では学び手と教え手が流動的ですよね。それと同じですね。

西川：そうだよ。さて、会を開くといっても、どれほどのことをやるのか不安だと思う。そのために最小ではどの程度が必要かを教えてあげるね。

田中：よろしくお願いします。

西川：『学び合い』の会をやるための、最少人数の主催者は3人。それは「発表者」、「司会」、「受付」だよ。たった3人でやれる。で、その3人が順繰りに役割を変えれば3人分の発表が出来る。

田中：たった3人ですか？

西川：そう。究極は2人でもいい。田中さんと私が集まって、それぞれの学校で起こったことを話すだけでいい。要は自分のクラスの子どもの自慢をすればいいの。カラオケと同じで気分良く話せるよ。そのうちの大部分が愚痴でもいいんだよ。あはははは。

田中：気が楽になりました。

西川：会場は、自分の勤務校、公共施設の一室、そんなのを活用すれば、殆どタダ。

　　　資料は各自が印刷して持ち寄るという形式にする。足りなければ、近くのコンビニでコピーすればいい。また、ファイルを pdf にして USB に入れておけば、

足りない枚数を近くのコンビニで印刷出来るよ。もちろん，資料なしでも結構だ。

　100円ショップで紙コップと紙皿を買い，2Lペットボトルのお茶，お茶菓子を少し買う。予算は2000円以下。お菓子は持ち寄り1品でいい。

　参加者が来なくたって，3人が互いに自慢し合うだけでも，かなり楽しいよ。それに，県庁所在地で開催し，ちゃんとブログ等で宣伝すれば，かなりの人は来る。それだけの潜在的なニーズはあるよ。

　と考えれば，気楽でしょ？

　出来ない理由はありますか？ないでしょ？

田　中：笑っちゃうほど，気が抜けました。

西　川：この会の最初の目的は，2ヶ月に一度ずつぐらい集まって，愚痴を言い合う会だと割り切ってもいいと思うよ。たいていの悩みはそれほど難しくない。ただ当事者となると，頭がいっぱいいっぱいになって思いつかない場合もある。また，既に自分自身で分かっているけど，誰かに背中を押してもらいたいこともある。そして，誰かが愚痴を聞いてくれたら，それだけで十分だと思うよ。結局，どんな悩みも最終的には自分で解決するしかない。愚痴を聞いてくれる人がいたら，その勇気をもらえる。

田　中：でも，やはり広げたいという気持ちもあります。

西　川：参加者を増やしたいと思うのは当然だ。しかし，それ以上に大事なのは主催者側の人を増やすことだよ。そ

のためには，積極的に発表を依頼しよう。当然，「私はまだまだ初心者ですから」とか，「私は上手くいっていないから」と遠慮すると思う。しかし，初心者だから，上手くいっていないからこそ，発表してもらうべきだよ。

　ある『学び合い』の会で，若い教師が「私は『学び合い』にトライしました。そして，見事に失敗しました」と開口一番に言ったんだ。そのとたんに会場から爆笑と，「よくやった」という声がかかったよ。『学び合い』の会はそんな会だ。自分がカリスマ教師になるための会ではないから。

　上手くいった人，偉い人の話を延々と聞くのは聴衆にもつらいよ。そして，『学び合い』における子どもと同じように，自分自身が分かり納得するために黙って聞くより，話し合うことが大事だよ。

　一人の主催者を生み出せば，もう一人の参加者を連れてくることになる。その人が主催者になれば……，ということ。

田中：学生時代の親友と一緒に出来そうです。

西川：次は企画。まずはフリートーク。前にも話しているし，田中さんも知っているように，『学び合い』の会では一定の時間，誰と話してもいいフリートークの時間というものがある。おそらく，『学び合い』の会以外ではまず考えられない時間だと思う。

　これを円滑にするための小技があるんだよ。

田中：どんな小技なのですか？

西川：受付で「『学び合い』を実践しています」，「『学び合い』を知っています」，「『学び合い』は初めてです」の3つの中から参加者に選ばせて，色別の名札を付けてもらうと話す相手を見つけやすい。住所や所属機関を書いてもらう。子どもが参加した場合は，通学している学校だし，企業の人は勤めている会社だね。

田中：そうですよね。『学び合い』の会は教師だけにクローズしている会ではないですから。

西川：次は発表者。教育の研修会の発表者は教師だけだと思う。しかし，『学び合い』の会では，保護者や子どもが発表者になる場合は少なくないよ。主催者のいる地域で開催すれば，保護者や子どもに発表をお願いしやすいと思う。

　『学び合い』では子どもは主体的になる。発表の準備をクラス全員でやれば，自分たちの学びの振り返りになり，子どもたちの学びにつながるよ。子どもたちに「参加する先生方に『学び合い』を分かってもらい〇〇県の教育を変えよう」というミッションを与え，発表内容，発表方法を任せてはいかが？発表の様子をDVDにして子どもたちに渡せば良い思い出になると思うよ。

　ある『学び合い』の会で，保護者が発表した。ママ友ネットワークの中で『学び合い』がどのように理解されるようになったかという過程が生々しく発表され

た。当然、その会で一番注目された発表になったし、その後のフリートークでも人が集まったよ。

田中：たしかに、そんな話を私が聞きたいです。

西川：さて、今まで言ったようなことをして、場所と時間を子どもたちに教えたならば、子どもはきっと行きたいと保護者に言うと思うよ。そのような保護者と子どもは参加費を無料にする。参加してもらえれば、子どもや保護者の『学び合い』に対する理解は深まると思うよ。

　ということで、子どもや保護者を発表者にすることで、そのクラスの教師が得だ。やりたくなったでしょ？

田中：はい。

西川：学校単位で『学び合い』を実践しているある学校では、土日の『学び合い』の会を授業日にして、学校丸ごと（といっても小さい学校ですが）村のバスで会場に移動し、そこで生の『学び合い』を発表し、その後に子どもたちとのフリートークをしたんだ。

田中：へ〜。

西川：次に予算。

　『学び合い』と一緒で、参加者が多く、多様になればなるほど、得られるものは多くなる。そうなると資金と人的ネットワークが必要だ。どん欲にやらねばならない。それが成功すれば、安心して冒険も出来る。会を発展させるには、資金も必要だよ。

田　中：どうすればいいのですか？

西　川：世の中には助成団体がある。助成団体センター（http://www.jfc.or.jp/）の「民間助成金ガイド」で検索するといいよ。世の中には，知られていない助成が多いものだよ。こんなものに応募しても駄目だ，と思うかもしれない。しかし，考えて。そのような助成団体があることを田中さんは知っていた？

田　中：知りません。

西　川：それは，日本中の教育関係者も同じです。つまり，応募する人はそれほど多くはない。つまり当たる可能性は低くない。私の感覚だと，7，8応募すれば，そのうち1つは当たるものだよ。

田　中：宝くじよりはるかに効率がいいですね。あはははは。でもどうやって応募したらいいのですか？

西　川：申請書はたいていはＡ４判で２ページぐらい。そして，その文章の大部分は，他の申請にも流用できる。それだけの労力で数十万円を獲得できるとしたら，売れっ子の直木賞作家並と言えると思うよ。

　また，開催市・開催県の観光課に問い合わせると，「コンベンションビューロー」というものがある。これは地域にコンベンション（大会，集会）を誘致することによって，その地域の振興につなげようとする公的機関だよ。たいていの場合は，一定人数の県外者が，その地域の宿泊施設を利用する場合，その宿泊人数に応じた支援が得られる。その必要人数はまちまちだか

ら，具体に問い合わせなければならない。支援を受けられる人数はかなり多いと思うけど，逆に，それを知ることによって一つの目標が立てられる。

田中：そんな規模の会を開けるとは思えませんが，夢は大きくというところですね。

西川：市や県の助成制度も受けられる場合がある。支援額は数万で，必要な書類は準備が大変だけど，申請する価値はある。一度獲得すれば継続獲得できる可能性もある。その他にも共済会や組合の助成もあるよね。

　今まで話したことを確実に行えば，かなりの可能性で予算を獲得することが出来るよ。

田中：私の頭の中では，もうお金をもらえた気持ちになってきました。

西川：次に参加費。

　2時間ぐらいの仲間内の会の場合は，持ち寄りお茶菓子1品程度でいいと思う。しかし，会場をとり，半日を費やすような会を開く場合は，参加費はちゃんと設定しよう。参加される方は，半日，いや1日をかけて参加する人だ。参加費をディスカウントしたとしても，参加人数が増加することはそれほど期待できない。むしろ，それだけの時間をかけたことに値する会にするほうが望ましいと思う。

　ただし，学生さんの場合は，この参加費が参加の可否に直結する。学生さんは自由な時間はあるが，お金はないというのが相場ですから。したがって，学生さ

んをターゲットとする場合は，学生割引等は考える必要があるね。

また，事前に大会参加人数・懇親会参加人数を確定したい場合は，事前申し込みの制度を設け，参加費のディスカウントをすることは可能だ。

田 中：はい。

西 川：次は懇親会。当日の参加は，多くなっても，少なくなってもそれが多少の人数であれば問題なく対応できる。しかし，懇親会の場合は，一人当たりの単価が大きく，業者が絡むのでリスクが伴うよ。事前申し込みの制度を利用するなど，人数確定をする努力をしたほうが安全だよ。

懇親会の店は，人数の増加は引き受けてくれるけど，人数の減少には難色を示す場合が多い。申し込みは少なめにして，増加に対応できるような場所を探そう。

田 中：はい。

西 川：次は広告。

参加人数が100人を超え，かつ，資料印刷を行うレベルになったならば，資料の裏に広告を出すことによって収入を得ることが出来る。

開催地域の大企業に申し込むと，かなりの確率で受けてくれる。また，その地域の大学で教育系の学会が開催されていたら，その学会の要項を手に入れて，その裏の広告の部分を調べれば，どこが受けてくれるかが分かるよ。

1ページいくら，半ページいくらというふうに料金設定をして広告募集をするんだ。

田中：そんなことでもお金が得られるのですね。

西川：次は宣伝。

　会に関しては多くの人に伝わるように宣伝をしよう。宣伝の仕方は様々。教育関係の新聞，また，雑誌の中にはその種の宣伝を無料でしてくれる欄を設けている場合があるよ。そこに案内を出す。

　『学び合い』グループ（http://manabiai.g.hatena.ne.jp/）にブログを開設して宣伝しよう。また，『学び合い』のメールマガジン（http://www.mag2.com/m/0000270912.html）に宣伝をお願いしよう。また，上越教育大学の西川先生に頼めば，フェイスブックやブログで宣伝してくれるよ。

　『学び合い』の会の参加者には教員ばかりではなく，子ども，保護者，そして企業の人がいることを忘れずに。むしろ，そのような人たちが発表できるような機会を設けよう。

　大学の学生さんのネットワークを介しての宣伝が必須だよ。大学にポスターを貼っても，あまり期待出来ない。どうやるかは，教育実習に来た学生さんか，後輩が大学に残っているような若い先生に相談しよう。

　参加者が多いと，スケールメリットが期待できる。その場合，学校への一律の案内も必要だけど，口コミやリピーターが最も効率がよいことをお忘れなくね。

次につながるように大きな会を開く際は，地元の新聞社やケーブルテレビに案内を出そう。それがきっかけになって『学び合い』を知る人はいるよ。

　前に言ったけど，参加者を増やすには主催者を増やすことだよ。実は手伝ってもよいと思っている人は少なくないはず。だって，『学び合い』を分かっているのだから，関わることのメリットは分かっているよ。どんどん，巻き込もう！

　最近は便利なインターネットサービスがいろいろある（例えば，http://kokucheese.com/）。それらを積極的に利用しよう。また，最後に振り返りアンケートを配り，「今後会があるときに連絡してほしい人はメールアドレスをお書き下さい」ということを示せば，リピーターが生まれる。

　開催地の市や県の後援申請をする。これを受けると，教師が参加しやすくなるよ。また，勤務校を会場にすることを校長先生に頼みやすくなる。共催の場合は審査も厳しく，採用されることは難しい。しかし，後援の場合，その団体が怪しげなものではなく，意義ある活動であることを納得してもらえれば，受けることは困難ではないよ。そして，一度受けることが出来れば，次年度以降は前年度の承認番号を伝えれば，極めて簡略な手続きで獲得出来るよ。

田　中：分かりました。

西　川：凄い先の話をしたけどね，まずは私とあなたとで始め

ればいいよ。異動した学校の愚痴だったら，チャンと聞いてあげるよ。

田中：ありがとうございます。異動することの不安が少なくなりました。

5 戦い方

田 中：今は西川先生の陰に隠れて実践できます。しかし、いつまでも陰に隠れているわけにはいきません。次の学校には西川先生のような先生はおられないと思います。それに私も若手から中堅に脱皮しなければなりません。私より若い人を守らなければならないと思います。西川先生は校内でも力をもっています。どのようにしたら西川先生のようになれるのでしょうか？

西 川：あはははは。そこまで言われると気恥ずかしいけど、田中さんもそういうことを考える段階にシフトしたんだね。

　　　じゃあ、私の戦い方を伝授しよう。まあ、負けない方法だね。

田 中：お願いします。

西 川：第一に、結果をあらゆる方面で出すことが大事だよ。

　　　相手につけ入る隙を与えないほどにね。校内には私の実践に疑問をもっている先生もおられるよ。でも、私は学力調査の結果でも、生徒指導でも、保護者からの信頼でも、また、校外の研修会での発表実績でも、結果を出している。だから、表立って反対できない。ただし、その結果をひけらかすことをしたら、中間的な立場の人から嫌われるから出さない。あくまでも文

田 中：句を言われないための，保険だよ。
田 中：そのような結果を出すためのポイントは何ですか？
西 川：『学び合い』の授業をし続けるためには，ハッキリとした成果を出さなければならないことを子どもたちに語るよ。
田 中：子どもたちにですか？
西 川：子どもたちは私にとっては仲間だからね。そして，守るべき管下の部下でもある。
田 中：なるほど。
西 川：第二は，戦いを避けること。

『学び合い』を反対する人を説得することは「無理」だよ。だって，説得されたくないのだから。だから，説得する努力を止めよう。これは前にも話したよね。
田 中：はい。それでどのように避けるのですか？
西 川：とにかく負けない戦いをしよう。相手も志をもって教師になることを選んだ人だよ。そのうち気づくかもしれない。

おそらく相手も賢ければ，戦いを避けて，合意できることを探ると思う。だから，無用な戦いを避けよう。
田 中：でも，それでも戦いを挑んでくる人がいたらどうしますか？
西 川：相手にしない。そのような戦い方をする人はたいていは賢くない。だから，勝手に言わせておけば，その姿は醜く見えるよ。人は内容の是非で判断する以前に，どのように戦うかで是非を判断する。だから，あくま

でも紳士的に受け答えをすればいいんだ。

田 中：短気は損気ですね。

西 川：そうだよ。以前の学校で凄い人がいたんだけど，その人は相手がわざと怒るように礼儀正しく対応するんだって。怒り狂うと言っていることがめちゃくちゃになるからね。

田 中：怖いですね～。

西 川：もちろん，そこまでする必要はないよ。

　　　第三に，違った戦場で戦うこと。

　　　相手のホームグラウンドで戦うのは不利だよ。相手が強そうだったら，不利な戦いを避け，相手の影響力のないグラウンドで議論するんだ。

　　　田中さんは囲碁はやらないと思うけど，負けそうなところに拘ると傷口が大きくなる。ぱっと別なところに目を向けるの。そのうち，不利だったのが有利に変わることもある。

田 中：なるほど～。

西 川：第四は，相手を知ること。

　　　相手がどんなことを根拠に議論をしているかを見極めるんだ。そして，公文書をちゃんと確認する。そうすると，その人の思い込みであることがままあるよ。「一人も見捨てない」，「人とのコミュニケーションが大事」，「子どもたちを信じましょう」という『学び合い』で大事にしていることは誰からも文句を言われる筋合いのものではないからね。

田 中：たしかにそうですね。
西 川：第五は,長期戦で議論すること。

短期決戦で,イライラすれば玉砕覚悟で戦いたくなる。我々は負けてはいけない。勝てなくても,負けないことを大事にして,先送りにする。そのうち局面が変わるよ。

田 中：たしかにアクティブ・ラーニングのおかげでだいぶやりやすくなりましたね。

西 川：第六は,情報収集だよ。

今まで言ったことをするには,相手が持っている情報より質・量ともに勝る情報を得なければならない。そのためには,色々な人とつながり,情報を収集する。

私は日本各地の『学び合い』実践者とつながっている。その中には校長や教育行政の人もいる。その人たちから情報収集しているよ。

田 中：前から不思議だったのですが,教諭である西川先生が,色々な人とつながっているのは何故ですか？かなり偉い人とも友達づきあいしているようですし。

西 川：それが七つ目。志だよ。
田 中：志ですか？
西 川：もし,田中さんが自分のクラスのことしか考えていなければ,我が事のようにあなたをサポートする他人はいないよ。

田中さんがこの学校のことを考えていれば,この学校の人は応援するけど,この学校以外の人は我が事の

ようにあなたをサポートしないよ。

　田中さんがこの市のことを考えていれば、この市の人は応援するけど、この市以外の先生は我が事のようにあなたを応援しないよ。

　田中さんがこの県のことを考えていれば、この県の人は応援するけど、この県以外の人は我が事のようにあなたを応援しないよ。

田　中：そんなこと私には出来ません。

西　川：それは私も同じ。例えば、前にも言った会を開くというのは、その第一歩。この県をよくしようと思って会を開けば、そんなことを考えている人とつながれる。それでいいんだよ。

　大事なのは、願い。そして、自分の出来ることをすればいい。そうすれば自ずと志の高い人とつながれる。

田　中：分かりました。

西　川：最後は、みんなでやること。

　これは長々話す必要もないよね。

田　中：はい。

西　川：田中さんは、偉くならないと何も出来ないと思っているでしょ？

田　中：そうではないのですか？

西　川：私はそう思わない。

　例えば、日本国首相があることを実現したいと思ったとする。

　それを実際に実施するにはいろいろな人が関わる。

国務大臣，事務次官，審議官，局長，課長，課長補佐が関わるだろう。それは県の各段階，市教委の各段階を経て，最後は学校の校長，教頭，教務主任や研究主任にいたる。

　この段階はどれほどの段階だろう。

　仮にものすごく単純化して10段階にしよう。

　日本国首相以外の10段階が本当はやりたくないと思って，でも命令違反を出来ないので，１割引の少しサボタージュするとするよね。0.9の10乗は３割になってしまう。つまり有名無実。

　逆に，いろいろな職階の人とつながり，同じ志をもてば，一人の教師である私もいろいろなことが出来る。

　誰も，一人では何も出来ない。でも，みんなでやれば，誰でもいろいろなことが出来る。

⑥ 落ち込まないために

🧑 西 川：田中さんが何かをしようとすれば，きっと落ち込むことがある。それから逃れるすべを伝授してあげよう。

👩 田 中：そんな何かをするわけでもないのに落ち込みます。是非教えて下さい。

🧑 西 川：何かをしようとしないから落ち込むんだよ。

👩 田 中：え？

🧑 西 川：最初にアドバイスするのは，落ち込んでいることが最悪な状態になった場合を具体的に想像することだよ。おそらく死ぬことはない。そして，ケツをまくったらクビになることはない。そして，1年後には過去のことになる。でしょ？

　これが進行したらどんなことになるのか……，と恐れるけど，具体的に最悪の状態を思い浮かべないのが普通だよ。だから，怖い。でも，最悪を覚悟しよう。それほど凄いことではないはずだよ。自分が思うほど上手くいかないけど，自分が恐れるほど悪くはならないもんだよ。

👩 田 中：そのようなのですか？

🧑 西 川：来年度になりクラスが変わり，次の学校になれば関係なくなる。

👩 田 中：それはそうですね。

西川：最悪の状況を具体的に想像することだよ。そして，それよりは「まし」になる手を少しずつやればいい。前にも言ったけど，直近の善後策は，後手後手になる。しかし，最悪にはならない手は，かなり余裕をもってやれる。

　逆に直近の善後策は，それが良い方向にいくことが確信できないほどゴチャゴチャしたら，しないほうがいい。やればやるほど何が何だか分からなくなる。少なくとも数日は何もしないほうがいい。頭に血が上った状態でするよりは良い手だてが浮かぶ可能性はあるよ。どうしても何かしたいならば，近くの同僚に代わりに対応することをお願いしたらいい。岡目八目で自分がやるよりは良い手を打ってくれる。もし，そのような同僚がいないならば，数日は何もしないほうがいい。そして，それで駄目だったら数週間何もしないほうがいい。そして，それで駄目だったら数ヶ月何もしないほうがいい。そして，1年たてば問題は解決しているよ。

田中：分かりました。

西川：次に落ち込まない方法。

　落ち込む人の特徴として，一点集中の方が多い。絶えず，5つ以上の良い企みをもつことを勧めるよ。そうすれば何かが失敗して落ち込んでも，気を紛らわせることがあるから。ただし，それらの企みは同じレベルのことでは駄目だよ。例えば，「自分の職場」レベ

ルのことばかりだと，それらは同時に駄目になる可能性が高い。「自分のクラス」，「自分の学校」，「自分の県」，「日本」というようなレベルを変えたものを含ませる。例えば，日本レベルの企てとしては，それを実現するための予算を獲得するために，助成団体に申請する申請書を書くなどは，とても面白いよ。少なくとも宝くじよりも当たる確率は高いしワクワクするよ。

田 中：そのとき重要なポイントは何でしょうか？

西 川：このような複数の仕事を並行してやれるにはコツがある。まずは良い仕事をしようとするより，7割の出来でよいから早く仕上げること。最高の仕事をしようとしても時間がかかるだけ。多くの仕事をすれば，当たりもあるものだよ。「未完」の最高の仕事は「0」だ，7割の仕事のほうを積み上げたほうがいいに決まっている。

田 中：それはそうですね。

西 川：人と一緒にやればいい。自分一人の仕事を1つやるより，2人で2つの仕事をするほうがいい。それよりも10人で10の仕事をすればいい。その際，多様な仕事をするためには，同僚ばかりではなく，他校，他県の仲間とつながればいい。落ち込んだときは特に，そのような仲間とつながった仕事をしたほうがいいと思う。今言ったように，いじくってもしょうがないときはいじくらないほうがいい。しかし，何もしていないと，いじくってもしょうがないことをいじくりたくなるも

の。とにかく何か仕事をすることを勧めるよ。

田中：分かりました。

西川：出来ないことはあるけど，出来ることはある。愚痴や自己憐憫は，精神衛生上，重要なことだよ。私もする。しかし，それらは「先延ばし」する以上の機能はない。とにかく「今」，別なことをやるんだよ。

　何かをなす人は，出来ないことを合理化する理屈を探すより，今だから出来ることを探すね。そのうち，今したいけど，今は出来ないことが出来るようになるから。

田中：分かりました。

西川：最後に。

　偉そうに言っているけど，私は本当に落ち込むことが怖い。私の生涯で，17歳と21歳と23歳と30歳に最高に落ち込んだことがある。それは数年にわたるほどのものだよ。毎日，天井を見上げ，それが岩であればと願った。それが落ちたら苦しまずに死ねるのではないかと思い続けたよ。今思い出しても身の毛がよだつ。だから，落ち込むことが本当に怖い。だから，私は落ち込まないように細心の注意をはらっている。

あとがき

　青臭いかもしれませんが，私は「願いは叶う」と信じています。何故叶うのかといえば，本気で願うならば，「その願いを実現する方法は何か？」という情報の収集を行います。本気で願うならば，その「方法」を継続的に行います。本気で願うならば，その「願い」が実現可能な願いなのかを自己評価します。また，その「願い」が本当の自分の願いなのかを考えます。その結果，新たな「願い」を見出すことになります。

　人は「願う」ものです。「願い」に向かって進むと同時に，「願い」自体を進化させる必要があります。そのパワーの源泉は「本気で願う」ことです。だから，「願いは叶います」，「本気で願って下さい」と話します。

　再度書きます。「願いは叶う」ものです。ポイントは，「本当に願う」ことです。本当に願うならば，その願いを実現するために，「今すること」，「今日すること」，「今週すること」，「今月すること」，「今年にすること」……を考えるはずです。案外，それがおざなりにされて「願っている」場合は少なくありません。それは，本当に願っていないからです。もちろん，願っているのに，どうしたらいいのか分からない場合があります。でもね。本当に願っているならば，もがくはずです。そして，情報収集するはずです。情報がなくて，願っても実現する道筋は見えません。しかし，本当に願い，情報を収集するならば，「おぼろげ」ながらも方向性が見えるはずです。さらに情報収集をするならば，「今すること」，「今日すること」，「今週する

こと」,「今月すること」,「今年にすること」……が分かるはずです。そして，本当に願うならば，それを今も，今日も，今週も，今月も，今年も続けることが出来ます。願っているのにもかかわらず，継続できないならば本当ではないのだと思います。当然，自分が思っている「今すること」,「今日すること」,「今週すること」,「今月すること」,「今年にすること」……が，その通りに実現するなんてありえません。でも，自分の願いに合わせて情報収集と実行を積み上げます。でも，それでも出来ない場合は，自分が願うことの方向性に合わせて，「今すること」,「今日すること」,「今週すること」,「今月すること」,「今年にすること」……を再構成します。再構成することはつらいもんですが，最終的（もしかしたら自分の臨終でも終わらない未来）な実現に向けて再構成します。だって願っているんですから。

　もう一つ，付け加えます。本当に，自分の願いと現実との間で調整し続ければ，自ずと自分の現実にあった願いにかわるはずです。でも，現実と願いをイコールにしてはいけないと思います。つまり，今のままでいいんだ，ではいけません。最終的な願いは堅持しつつ，「今すること」,「今日すること」,「今週すること」,「今月すること」,「今年にすること」……は現実的にすべきだと思います。

　志が高ければ，悩むことも多いでしょう。でも，悩むに足ることだと信じます。教師は幸せにならなければならない。教師は家族・仲間といる時間を保証されなければならない。それを実現するには子どもたちの『学び合い』，そして教師の『学び

合い』しかないと確信しています。

　愛する教え子を一人のもれなく守れることは現状では不可能です。心ならずも捨てていることを自覚していれば、それは澱のように溜まってきます。そして、教師としての志が徐々に腐っていき、単なる給料のためとなってしまいます。そして、子どもが自立し、ある程度の老後の備えが出来れば、教師を早く辞めたいと思うようになります。そんな気持ちで、あと数年、いや数十年過ごすのは辛すぎますよね。

　自分が担任（教科担任もですよ）している間は、自分が教え子を守れます。でも、その後の長い時間は教え子を守れません。でも、自分は守れなくとも、支え合う子ども集団・保護者集団を創り上げれば、教え子を守ることが出来ます。

　「理想は高く、現実には柔軟に」です。理想を高く掲げ、玉砕するのはナルシシズムにしかすぎません。守るべきものがあれば、したたかにやるしかありません。時には、後退し、戦列を整えて下さい。そして、なによりも一人で抱え込まず、みんなでやりましょう。あなたが後退している間に、我々が前進し、あなたが次に進むときに進みやすい環境をみんなで創り上げるしかありません。

　私の好きな言葉に「志は高く、現実には柔軟に」という言葉は、ある意味で、安易な言葉にとられがちです。でも、現実に柔軟であり、かつ、志を高く維持し続けることは、本当の意志の力が試されます。

　『学び合い』は単なる授業方法ではありません。「一人も見捨てない」という強い思いと、それを実現するための方法論です。

負けないでください。
自分のために。家族のために。子どものために。

　最後まで読んでいただき，ありがとうございます。おそらく，皆さんは私より若いと思います。私は今までに若い頃に戻りたいと思ったことはありません。何故なら，若いということがどれほど大変であることかを知っているからです。大変ですね。でも，一度それを過ごした私のような年長者には苦痛ですが，まだ，それを知らない皆さんには経験するに値するものです。
　エールを送ります。
　が，ん，ば，れ！

西川　　純

【著者紹介】

西川　純（にしかわ　じゅん）

1959年東京生まれ。筑波大学生物学類卒業、同大学院（理科教育学）修了。博士（学校教育学）。臨床教科教育学会会長。上越教育大学教職大学院教授。『学び合い』（二重括弧の学び合い）を提唱。

【著書】

『クラスと学校が幸せになる『学び合い』入門』、『気になる子への言葉がけ入門』(2014年)、『子どもたちのことが奥の奥までわかる見取り入門』、『子どもが夢中になる課題づくり入門』、『簡単で確実に伸びる学力向上テクニック入門』、『子どもによる子どものためのＩＣＴ活用入門』、『アクティブ・ラーニング入門』(2015年)、『サバイバル・アクティブ・ラーニング入門』、『アクティブ・ラーニング時代の教室ルールづくり入門』、『資質・能力を最大限に引き出す！『学び合い』の手引き　ルーツ＆教え方編』、『資質・能力を最大限に引き出す！『学び合い』の手引き　アクティブな授業づくり改革編』、『汎用的能力をつけるアクティブ・ラーニング入門』(2016年)、『今すぐ出来る！全校『学び合い』で実現するカリキュラム・マネジメント』(2017年)、以上明治図書。他多数。

【編著書】

『アクティブ・ラーニングを実現する！『学び合い』道徳授業プラン』(2016年)、『子どもを軸にしたカリキュラム・マネジメント』(2017年)、以上明治図書。他多数。

THE 教師力ハンドブックシリーズ
みんなで取り組む『学び合い』入門
スムースな導入ステップ

2017年5月初版第1刷刊　Ⓒ著　者　西　川　　　純
　　　　　　　　　　発行者　藤　原　光　政
　　　　　　　　　　発行所　明治図書出版株式会社
　　　　　　　　　　　　　　http://www.meijitosho.co.jp
　　　　　　　　　　（企画）及川　誠（校正）西浦実夏
〒114-0023　東京都北区滝野川7-46-1
振替00160-5-151318　電話03(5907)6704
ご注文窓口　電話03(5907)6668

＊検印省略　　　　　組版所　藤原印刷株式会社

本書の無断コピーは、著作権・出版権にふれます。ご注意ください。

Printed in Japan　　　　　　ISBN978-4-18-271816-8
もれなくクーポンがもらえる！読者アンケートはこちらから →